U0643650

叶开的魔法语文

YE KAI DE MOFA YUWEN

叶开 主编

第二课

地球旅行记

DIQIU LUXING JI

百花洲文艺出版社

BAIHUAZHOU LITERATURE AND ART PRESS

图书在版编目（CIP）数据

地球旅行记 / 叶开主编. —— 南昌：百花洲文艺出版社, 2018.4
（叶开的魔法语文）
ISBN 978-7-5500-2742-8

Ⅰ. ①地… Ⅱ. ①叶… Ⅲ. ①作文 – 中小学 – 选集 Ⅳ. ①H194.5

中国版本图书馆CIP数据核字（2018）第054035号

地球旅行记

叶 开　主编

出 版 人	姚雪雪
责任编辑	王俊琴
书籍设计	赵　霞
插　　画	饶凯西
制　　作	何　丹　周璐敏
出版发行	百花洲文艺出版社
社　　址	南昌市红谷滩世贸路898号博能中心一期A座20楼
邮　　编	330038
经　　销	全国新华书店
印　　刷	江西千叶彩印有限公司
开　　本	720mm×1000mm　1/16　印张　15.75
版　　次	2018年7月第1版第1次印刷
字　　数	100千字
书　　号	ISBN 978-7-5500-2742-8
定　　价	43.00元

赣版权登字　05-2018-125

版权所有，盗版必究

邮购联系　0791-86895108
网址　http://www.bhzwy.com
图书若有印装错误，影响阅读，可向承印厂联系调换。

爱写作的孩子是一座魔法星球

叶　开

感谢读者朋友打开这本书，感谢你们看到我写的这篇小序。

请允许我略微骄傲地向你们介绍这套独一无二的作品集。

收入这套十二册近百万字的作品集，不是大家习以为常的课堂作文集、满分作文集、考试作文集，而是一整套由小学生和初中生自己创作出来的、风格独特、形态各异的优秀文学作品集。

我曾给这些孩子讲授一门"深阅读课程"。每次课后布置写作，孩子们立即"占楼"，并"光速"交作业。我每次都读得愉快兴奋，常常熬夜给他们的作文写下很长的分析和评语。

我精心挑选出来很多作品和孩子们一起阅读，讨论，思考。有莫言的短篇小说《大风》、刘慈欣的短篇科幻小说《诗云》、柳文扬的短篇科幻小说《一日囚》以及唐传奇中的名作《板桥三娘子》《聂隐娘》等，读了这些作品之后，他们脑洞大开，进而形成自己的独特思考，并开始了自己的精妙创作。

其中有一个良好的"副"作用——当他们逐渐成熟，学会运用作文套路后，这些在写作能力上达到同龄人中较高水平的孩子，面对应试作文时"杀鸡用了宰牛刀"，大多数人都能轻而易举地写出高分作文。

上海高考语文阅卷组组长周宏教授，常在我的微信朋友圈里为这些小朋友的作品点赞。他认为，孩子们都这样学习写作，今后高考写作文根本不是问题。

我曾说：语言是人类文明的底层操作系统。

如同电脑上、手机上无数的apps应用程序，都要安装在微软公司的Windows操作系统、苹果公司的macOS和IOS操作系统以及谷歌公司的安卓操作系统上一样，人类文明的其他形态，无论是天文、地理、工程、建筑、绘画、雕塑，以及各类科学，都要建立在语言这个操作系统上。语言的好与坏，直接影响到整个文明系统的稳定性。一个高级文明生态系统，他们的语言必定是高级的，他们创作出来的文学作品也必定是高级的。当今最发达的文明国家，他们的语言必定是最丰富的，其写作能力也必定是最高超的，而这些文明国家所留下来的文学作品（语言的最高形式），也必定是最优秀的。建立在这些丰富的文学作品上的文明形态，其想象力、创造力和制造力，都是非常惊人的。

语言一旦崩溃，一切文明形态都将崩溃。

如果我们使用的语言虚假、无趣、伪善，则其他的apps也无法超越。整个文明形态要更加真实、丰富、优雅、有趣、向上，则语言首先就要具备真实、自然、准确的基本要素，进一步，则是高效表达、有趣表达、丰富表达。

社会各行各业，哪一行能离开"写作"呢？语言表达的各种外在形式，无论是政治家演讲、国情咨文、周末报告、股票路演、公司总结、宣传文案，哪一样，都离不开写作能力。我从来没有见到过哪一个优秀作家是口讷不善言的。他们"不说话"，要么是不愿意在某种场合上表达，要么就是代笔的假作家。而那些写作能力强的人，总有更大的上升空间，有更广阔更高远的未来。

文集里这些小作者，从小学二年级到初中二年级，主力作者在上五、六年级——九岁至十二岁左右的年龄。当大多数同龄孩子咬笔头、搔脑袋、苦思冥想、灵感枯竭时，这些孩子个个都是脑洞大开、神思缤纷、下笔如有神，创作出一篇又一篇令人赞叹的作品。

这些作品中，有些特别成熟，有些略显稚嫩，有些特别有趣，有些非常可爱，总体呈现出新世纪少年的丰富想象和思考。

读了他们的作品，我自己也深受启发。我发现大多数成年人对孩子们的内心世界严重缺乏理解，成年人对孩子的认识大多是模糊的、空白的。因为，能读到孩子们真情实感、抒发胸臆的作品实在少之又少，缺乏足够的学习和分析资料。

在课堂作文、应试作文中，学生们只能走套路，写虚假文章，没有机会表达自己的内心和独特的思考，找不到合适的地方表达自己的复杂情绪。而在我的课堂里，他们得到了痛快淋漓的释放。

每个小孩都是一个小宇宙，当这个小宇宙的能量受到有效的激发而爆炸时，你才知道自己的孩子到底有多么与众不同。

孩子们年纪虽然小，但是他们通过互联网的手段，接触到的外部世界，比自己的父母和老师想象中的要丰富、生动得多。然而，他们在传统的课堂里，却没有太多机会表现自己。大多数孩子，也没学会以写作的方式表达自己，展现自己。

我长期与孩子们交朋友，和他们不间断地交流。知道他们表面很天真、很幼稚，其实小家伙很懂得伪装，知道在什么情况下，要隐瞒，不让大人看到自己的真实爱好。只在自由表达中，他们才会敞开心扉，吐露自己内心的秘密。

阅读这些作品，我们才会恍然大悟：原来孩子的身体里也隐藏着一个宇宙！爱写作的孩子，是一座魔法星球。

他们的内心很丰富，他们的思想很复杂，不像外表显得那么稚嫩，那么单纯。当你认识这些孩子时，会很惊讶：他们看起来跟其他孩子差不多的稚嫩表情底下，竟然能隐藏着如此丰富的想象力，这么美妙的创造力。他们以自然准确而优美的语言，创作出属于自己的想象王国。在这个时候，爱写作的孩子已经拥有整个属于自己的世界。

他们都拥有一座属于自己的秘密魔法星球。

有些小孩子在作品里写道：老师和父母都认定小孩子幼稚，因此小孩子也装得很幼稚了。成年人想当然地把自己的固有概念套到孩子身上，以僵化的态度来塑造孩子，并且被自己的观点所迷惑，而无法有效地与自己的孩子交流。孩子们只好机智勇敢地、故意卖个破绽地装出单纯幼稚的样子，满足成年人对小孩子的虚假想象和塑造。

"狼昨"是我最杰出的学生之一。她是一位擅长编程，满脑子奇思妙想的七年级女孩，去年曾写过一篇科幻小说《过去的时光》，以科幻的形式来写成年人和小孩子之间的深深隔阂。

她想象有两种星球：大人星球和小孩子星球。这两个星球彼此缺乏了解——相比之下，还是小孩子星球对大人星球了解更多一些。但是大人星球自以为很懂小孩子星球。他们不假思索地认为，自己天然地对小孩子星球有居高临下的优势，总是发布各种命令，提出各种要求……

这篇作品包含了丰富的孩子心理信息，推荐各位爸爸妈妈一定要好好阅读。也推荐给教育界的各位人士，我们自以为了解的孩子，并不是教科书想当然写的那样。想深入理解小孩子的内心，要真正懂得教育，我建议好好地阅读一下他们的作品，其中的第一册《用七个关键词描述自己》，就是了解孩子们的最好材料。

小孩子们的内心不仅仅如此，他们还总是思考着一些奇妙的历史和宇宙。

"木木水丁"也是我最杰出的学生之一，她运用自己学到的宇宙知识和历史知识，在科幻小说《频闪时空》里，设想了一个特殊的问题：我们的宇宙历史，会不会是由一张张特殊的"照片"组成的？每个不同的时空就是一个不同的星球，人长大是不断地从一个星球迁移到另一个星球。人类自己身在局中，不知道其中的奥妙——只有不知身居何处的"时空主宰"在操控一切。而深知"时空主宰"奥秘的那个人，生活在公元元年，他的名字叫作"耶稣"。

读完这部作品，会发现这是一种历史文化和宇宙观念的奇妙旅程。其中写到主人公穿越回到公元元年（这个星球），见到了那个叫作耶稣的五岁孩子，这才知道历史典籍记载的耶稣诞辰一直是错误的：耶稣五年前就出生了。

这里面有很多特殊的思考，真的"亮瞎"了我的"钛合金"眼睛。

"沼泽"也是我最杰出的学生之一。他在五年级时就写出了探讨"不确定性"的一部杰出的科幻小说《骰子》。其中写到了一名来自火星的名侦探匹克，一到地球就失踪了。而地球上最神秘的黑暗势力的领袖，正在巴黎的下水道里，打算实施把整个太阳系各个行星炸掉的庞大阴谋。他到底会不会炸掉太阳系里的那些行星呢？关键看头号恐怖分子Forever会不会掷出某个特定的点数：星球的命运，建立在偶然、随机上。

在小说里，小作者熟练地运用了"量子力学"理论，还巧妙地谈到了"薛定谔的猫"等概念，令人大开眼界。他在五年级时上唐传奇《聂隐娘》的课，课后写了一篇科幻小说《楚门的世界》。凭着这篇优秀作品，他被上海最著名的民办学校之一——平和双语学校特招进初中部。

"颜梓华"也是我最杰出的学生之一，前不久他写出了一部三万字的中篇科幻小说《地球四十八小时》，读了令我深为赞叹。

小说里写某高智慧外星文明的男主角小男孩要去另外一个遥远星球探望父亲而搭乘星际列车旅行，因误入某种时空漩涡，星际列车穿越了时空，停靠在了几千光年之外的地球的某个车站。这让小主人公在从未到过的地球世界里，经历了四十八小时惊心动魄的冒险。小说结构很精简，人物和人物关系设定很合理，其写作能力，远远超出了很多大学中文系的学生。

"雪穗·茗萱"是研究阿西莫夫科幻名作《银河帝国》系列的小专家，现在读七年级。她写的科幻小说《银河帝国·虎》，结构之精妙，故事之出人意料而又合情合理，文笔之好，简直是阿西莫夫再世。

另一位七年级的天才少年周阳，也以阿西莫夫的《机器人帝国》为灵感，创作了一部优秀作品《机器人星球长》，写某天突然爆发了一条信息"地球星球长萨旦·奥利瓦是机器人"，而迅速流传到宇宙中有人类居住的四十五个星球中，宇宙世界联合组织委派名侦探夏洛克·安德罗斯前来地球调查真相。故事结构非常特别，结尾出人意料又合情合理，充分体现了小作者的谋篇布局和叙事推进的高超能力。

六年级学生黄铭楷的科幻小说《命运之钟》，写某台来自宇宙最先进文明的机器，落在地球上，而为地球人所用。这台机器是一部超高能的计算机，能计算出地球上每一个人的命运走向。因此，王国内每一个人出生之后，都要来到这个"命运之钟"前检测自己的命运。那些被宣判未来会变得邪恶的人，就会被抛弃被杀死。而最奇特的事情，发生在国王的两个孩子身上，"命运之钟"判定他们会自相残杀。老国王痛苦不堪，但不肯对这两个孩子采取"抛弃"的方式，那么，两位王子如何突破这个命运的陷阱呢？故事结构之巧妙，解决之合理，我也一直记忆深刻。

我教过的学生中优秀的科幻少年很多，除上面的那些小天才之外，还有现在读五年级的张小源、五年级的李华悦、七年级的时践、五年级的周子元、四年级的郑婉清、四年级的刘悦彤、六年级的张倍宁、八年级的程琪鸿、七年级的李暧欣等等，恕我不能一一列举更多的名字，他们都写出了精彩的科幻小说，读了真是让人感到大开眼界。

除了科幻小说之外，这些文集里，还有大量的幻想小说，包括魔幻小说、玄幻小说、奇幻小说等，深受一起学习的孩子们欢迎的枫小蓝、戒月、莞若清风，是幻想小说的天王三人组，是真正的幻想小说天才。还有徐鸣泽、丁希音、何渑尘、杨睿敏、雾霭青青、幂小狐等，都是幻想小说的顶尖高手。

孩子们不仅仅是写幻想小说才能高超，在打通灵感之泉以后，他们写其他文类如记叙文、议论文等，都得心应手。游记、影评、书评，完全不在话下。

浙江平湖的张小源同学四年级跟我学习，现在五年级。她创造的幻想作品风格多样，跨度很大，屡有佳作，而科幻小说也像模像样。她写的游记、影评、书评，都非常精彩。写美国科幻鬼才菲利普·迪克的文章，写《哈利波特》的书评，都非常老到。

当孩子打开写作的闸门之后，他们就会在写作的过程中不断地"虹吸知识"，为了某些特定的知识内容，去寻找资料，认真了解学习相关的知识。例如"量子力学""测不准原理""相对论"等等，这些远远超出了他们年龄的知识，他们都孜孜不倦地去学习，而且热情高涨。

南京五年级小学生徐鸣泽，跟我学了袁枚《子不语》里一篇《赵大将军刺皮脸怪》而迷上了这部文言小说，自己读完了厚厚一本文言文作品，在班里建了一个《子不语》阅读小组。这些孩子的文言文阅读能力已经超过了很多高中生甚至大学生。在跟随我参加南京先锋书店里举行的跨年诗歌晚会时，台湾著名翻译家、诗人陈黎教授看到了徐鸣泽和她的小伙伴莞若清风，感到非常震惊，说你们不是小学生吗？怎么能看懂繁体字，看懂文言文的！

在孩子们眼中的幻想小说天才莞若清风，是一个精通古希腊罗马神话、埃及神话、北欧神话等各类神话的六年级女孩子，她深入浅出地化用这些神话元素，写出了一部部精彩的幻想小说。我一直记得她的杰出作品《雪雕冰神》，那么美好的一个幻想世界，也只有这些心灵纯净，未受到污染的孩子，才能创造出来。

而运用了特殊的地理知识和对《魔戒》的深阅读，七年级的时践创作了一部三万字的魔幻小说《费斯·波金与邪恶之眼》。

一介绍就"如数家珍"，有点兴奋过头了。

这套书中很多作品，在"叶开的魔法语文"公众号发出后，得到了全国各地的著名作家、出版家、编辑和优秀语文教师的点赞和激赏。

当我把一个专辑发在朋友圈里时，诺贝尔文学奖获得者莫言老师也点赞留言，说："开卷有益！"又补充说，"开叶开的卷有益！"

北京师范大学科幻小说研究中心主任、博士生导师吴岩教授也常常为这些孩子的科幻作品点赞。

这里，要特别感谢我的老朋友——百花洲文艺出版社的姚雪雪社长。她慧眼识珠，一眼就看到了这些小朋友发表的作品中蕴含着惊人的潜力，立即跟我商量，请我负责编辑，由百花洲文艺出版社于2018年作为重点图书出版这套作品集。

编完了小朋友们创作出来的十二册《叶开的魔法语文》作品集，我的主要表情是"惊呆"，次要表情是"感到不可思议"。

这些脑洞大开的作品，每次交上来我都会逐一点评，印象深刻，感受特别。这些作品都是2017年夏天以前创作的，所以出书时标记的是小作者们写作时的年级。再次编辑这十二册近百万字的作品集，我为孩子们的真实自然准确的语言所惊叹，为他们的想象力和创造力所再度折服。

我是中国现当代文学博士科班出身，在《收获》杂志社做了二十多年的职业编辑，阅读过大量的文学作品，编发过国内外许多一流作家的优秀小说。本来以为自己已经读麻木了，天底下没什么新鲜事了，没想到在与这些孩子一起度过一年多的"深阅读"和"创造性写作"的美好时光之后，发现他们在得到有效的深阅读训练，学会有效思考，体会到高效率语言表达的乐趣之后，创作热情被激发了，而写出了前所未有的美好作品。有些孩子简直是灵感如涌泉，被激发得闪闪发光。他们的写作题材非常广泛，形式极其丰富，表达生动活泼有趣。如果不是被激发之后，渐渐进入更为自由的写作状态，我们很难理解，为何这些小孩子脑袋中竟然能藏着如此丰富的思考、如此瑰丽的想象、如此自由的表达。无论是科幻小说、玄幻小说、穿越小说、武侠小说还是游记、书评，他们都写得观点鲜明，精彩有趣，色彩缤纷，让人产生浓重的阅读兴趣。

我和一些孩子见过很多次，平时追逐嬉戏，打打闹闹，跟普通熊孩子差不多。但是，且慢，不要以貌取人。他们的脑袋里，藏有比黄金更珍贵的奇思妙想。他们的大脑如同宇宙一样无垠，他们的思考如同光速一样快捷，他们的表达像加特林机关枪一样干脆利索。有些人物关系的处理，他们比成年人更加直截了当；而在细节表现上，则精微而晶莹。

他们还小，未来无可限量。

同样，你们的孩子也还小，未来无可限量。

相信他们，就是相信未来。

这些孩子的潜力，都有待我们的呵护与激发。

2018年2月3日

目录
CONTENTS

骰 子

沼泽（王赵哲）　五年级

火 星

火星早已不是火星，地球早已不是地球，它们都是太阳系。

不对，是太阳系的一部分。

今年是太阳系纪元34年。

火星奥林匹克市北方联合区的匹克先生乘坐去往奥林匹克机场，不对，航空城。

啥玩意，航空城？

匹克拿出他的虚拟电子书，找到全太阳系旅行科普书排行第一的、由基尼水下海滩出版社出版的《太阳系：骰子》，由海绵宝宝编写，盖亚翻译。

他搜索到条目"航空城"，开始阅读。在别人看来，他的样子像一个正在发呆的精神分裂症患者。对于虚拟电子书，太阳系医学科研联合中心很头疼。他们无法分辨谁是发呆综合症患者，是正在看电子书的人，还是精神分裂症患者。

条目：航空城

在太阳系纪元13年时，太阳系交通委员会附属运输部决定改变航天飞船，由于大气层、燃料（虽然燃料这个问题已经被"星星之火"公司的超能太阳能发电机给解决了）、成本、不适应等原因所导致的其他行星所建造的航空城人群稀少。行星上航空城的数量都是相差很大的。航空城的中心是一座高楼，每一个航空城大厦高20千米（月球1千米，金星10千米，土星30千米，木星57千米，这是由于大气情况不同，而高度有变化），地基深14.7千米（月球深500米）。

这座高楼顶端是一个大平面，比大厦本身占地面积还要大。如果你想象不出来，请你想象一下你家的麻将桌。不过，比例可没你家麻将桌那么悬殊。

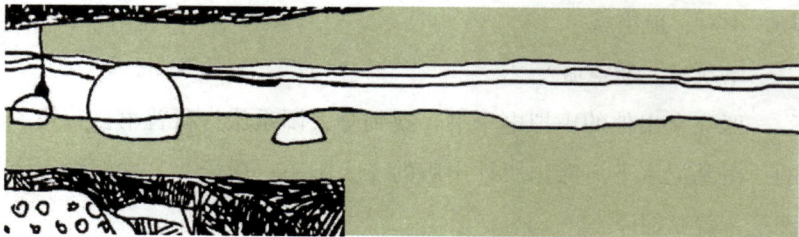

　　大平面用于航天飞机起飞、降落。从大平面往下数100层，这100层是太阳系交通委员会、运输部、乘客部、本行星的航天局分局、城市规划局附属大平面评估工作室、空管部门的办公场所。

　　接下来数120层就是待机厅、退票厅和餐厅。有时候因为光线、路线计算错误等原因，会晚点3天，最长晚点纪录达18天9小时，原本要从海王星去月球，结果飞到了太阳系的另一端。

　　再数，数到第10层，就是办理一大堆烦琐手续的地方。包括买票、转机、超载、心理健康检查、身体不适检查等。

　　10楼到2楼是大型商业广场。

　　1楼是洁白的咨询处。

　　以下是各个行星、矮行星、卫星与小行星航空城数量数据（按与太阳的距离来排序）：

水　星

18座航空城

9颗人造卫星

2个FS-4.8 ★

4个FS-9

　★：FS指the Space Shuttle Surveillance System，也就是航天飞机管理系统，简称4-S，又称FS，后面的数字代表第几代产品。

金　星

8座航空城

2座正在建设中的航空城

310座指路标★

103个FS-7.8

　★：由于金星大气压力过大，所以必须用指路标。

地　球（包括月球）

34座航空城
23颗人造卫星
1个卫星
1个FS-19NASA版
（月球）
7座航空城
0颗人造卫星
1个GPS系统
1个FS-19.2NASA版

火　星（包括小行星带）*

45座航空城
2颗卫星
3颗人造卫星
1个GPS系统
*：小行星带已在太阳系纪元4年就被认定为是属于火星。对此，仍有49.76％的科学家不承认。
（小行星带）
35个拥有航空城的小行星或矮行星
35座航空城
3个SSMCS
*：小行星带有自己的监管系统The space shuttle Management & control system，也就是航天飞机管理与控制系统，简称SSMCS。

木　星

109座航空城

349个人造卫星

? 个卫星

1个FS-JP

*：后面的卫星数据已丢失

土　星

109座航空城

332个人造卫星

? 个卫星

3个FS-SM

海王星

72座航天城

23个人造卫星

？个卫星

1个SMS

★：SMS指Storm-Management System，也就是暴风管理系统。

天王星

3座航天城

0个人造卫星

？个卫星

无监管系统

（柯伊柏带）

正在开发中。

"叮，各位乘客，本次列车终点站奥林匹克山，此站为奥林匹克航空城。"

地　球

从地铁里出来，登上飞机的感觉已经忘却。匹克甚至根本不知道他是怎么登上飞机的。

这是因为"多分子催眠V3"的效果，让乘客端正心态。

可是他的心态怎么也安静不下来。

一个人坐在他旁边。他认出来了。

"咖啡布丁，你在这里！"匹克叫起来。

"匹克！怎么，又有新任务？"

"任务？不是调休吗，哪来的任务？"匹克又叫了一声。

"算了，一时半会儿还解释不清楚，等一会在'易信'上面联系。"

她跑去前排坐下。

咖啡布丁比他大四岁。在匹克的记忆里，咖啡布丁是一个平淡的人，虽然她笑点不是那么高。自从她父母离婚后，她的笑容怎么看都感觉像是无言的苦笑。

记得她是他的表姐。

开庭那天，匹克的妈妈带着咖啡布丁的爸爸，也就是匹克妈妈的弟弟一起去的。当时，匹克相信妈妈辩说的实力。毕竟，砍价这种事，他的妈妈也没少干过。

结果，那天晚上出来消息，说离了。

呵呵。

匹克给自己吃了片安眠药，直接睡过去了。毕竟，这是心理素质。

醒来，已经看到地球的轮廓。

不知为何，他又想笑。

地球越来越大，最后像谷歌地球那样，扩展至一个点。

这就是航空城一号。

大平面已经在他的眼中展开。

飞机的阶梯发动机正在逐渐关闭，每关一阶，速度就慢一航空码。最后，第134阶关上了。

这种方法，叫作阶梯降落。

鬼知道1航空码是多少。也不用知道。

啊，地球。呵呵。

想到咖啡布丁，他本能地掏出手机。

手机的屏幕上显示着四个大字：

最新任务

侦探一上来就死了

火星人民祝贺你！

古老的套路。

火星人民73办公室最新消息：

情报局局长北星遇刺，凶手已查明，是Forever。

立刻通缉他，并将他杀死。努力在地球挑起事端。

这是火星人民的义务。

那么，咖啡布丁咋办？

算了，任务优先。

第二天，太阳系爆出新闻：

"震惊！火星首富北星遇刺！"

"不转不是火星人！凶手已经查明，是地球副主席Forever！"

"还我们公道！火星人在地球驻火星大使馆抗议示威！"

"男人听了沉默，女人听了流泪！太阳系股票暴跌1000%！！！"

"觉悟吧，狂妄的地球人！"

"最新飞船为何爆炸？火星首富北星为何遇刺？凶手为何选择天台行刺？火星市民示威，而火星政府为何沉默？太阳系股票为何暴跌？海王星裔地球人为何连夜赶回家乡？请于今晚8点准时收看《地球政府的不归路》，让我们一起走进地球政府的内心世界……"

"地球政府于事件14小时后发声：已通缉并组织军队围剿Forever。"

"Forever离奇失踪！整个太阳系高度戒备！"

"地球政府：已派出侦探与三十万特种兵，前往北星大厦！"

哦，地球政府动真格的了？

"震惊！侦探一上场就被Forever刺杀！"

"公众怀疑地球政府是在逢场作戏！"

"火星政府拒绝让地球政府侦查案件！公众已对地球政府失去信心！"

"管好家里小孩！Forever驾驶热气球逃跑！"

"震惊！北星大厦坍塌！五十万人死亡！"

"地球政府：要求北星大厦管理方赔偿。"

"住口，无耻老贼！管理方：人数太多导致地基不稳。"

"水星、金星、火星、土星、木星、海王星、天王星联合要求地球政府向他国遇难者道歉赔偿！"

"令人发指！地球政府：我们道歉，但拒绝赔偿。"

"是时候揭开地球政府丑陋的面孔了！地球特种军队兵变！"

"不转不是和平主义者！！地球兵变军队：这个锅我们不背！"

"曙光！太阳系法庭传唤地球政府！"

"虚伪！地球政府宣布脱离太阳系联盟！以十年前的飞机爆炸门对火星宣战！"

"十年前爆炸飞机制造厂商首次发声：我们知道真相但是地球政府压迫我们不让说！"

"各星球驱逐地球大使！"

"月球陷落！谁是下一个？"

…………

匹克看着这些他创造出来的新闻。

在这一个月里，事态如此急剧变化，还得感谢他在政府中安插的几个深喉。

"那么，新闻做完了，得去找Forever了。"

巴黎的下水道

他走在大街上。

神情散漫。

你把观看的视角调到电波，就知道怎么回事了。

匹克："73办公室，他在哪？"

办公室："我们正在用百度全景与谷歌地球全力搜索。目前的资料，Forever喜欢看《悲惨世界》。可惜我们去不了，也看不到。"

想知道他们为什么用电波吗？

电波主要是发电报用的波段。不过在地球，人们越来越依赖电子通信产品，太阳系最后一家安装电报的地方是上海市延安东路上的某一个大楼。

所以说，使用随身型电报，绝对安全。

匹克想着，什么叫《悲惨世界》进不去也看不到？

悲惨世界？够被我们整悲惨的。

看来我得重温（谈不上重温）一遍经典名著了……

词条：悲惨世界

…………

(一小时后)

下水道是一个城市的良心啊。

顿时秒懂。

巴黎下水道博物馆走起！

巴黎下水道博物馆需要从埃菲尔铁塔的东侧进入。

巴黎下水道是全世界最长的。

不过，匹克当然不知道，Forever在哪里。

更有可能的是，Forever根本不在这儿。

因为，73办公室的情报他从来没有相信过。

如此，令人捉摸不透的意思。每一个词语都有三重含义。

就当成我想的意思好了。

他不由自主地拿出口罩戴在嘴上。

巴黎下水道博物馆，带给他的第一印象不是臭，是大。

这也难怪。他记得他家乡的下水道绝对没有这么大，巴黎的有两米高。

他家乡的下水道细得像，大约通风管那么粗，嗯。

一个声音传来："很好，既然你已经对"假""粗"这几个字有了深刻的理解。看来你还得学学它们的反义词。"

骰　子

"哦，是吗？"匹克微笑着，对他而言，只是闲庭信步。毕竟，这种事情他没少干过。他把眼睛调为紫外线波段，全方位360°无死角照着他。

"Forever，你已经成功引起我的注意。"在Forever看来，他只是在抽着雪茄弹着香烟灰。

"匹克，我们直接进入正题吧。我分分钟几百个人头上下，别浪费你我作为人的时间。"

"我就叙叙旧，别当真啊！"

"我认真的！"Forever显露出了本性，"生活节奏快。"

"没事。你很快就要死了。Forever，你们地球人最大的问题是，总是在一些十分浅显的问题上用牛刀，随后不知所踪。我猜，你早在初中就知道什么是紫外线了吧。"匹克说。"哦，是吗？"Forever抛出了一个微笑。他按下手中的权杖。

匹克所见到的一切事物，与其本质，都飞上去了。最后，洞口关闭，只留下一盏古董灯。

自己的脚下依旧是一张破碎的毯子。

"呃，好话放前头，给我留个全尸。"匹克慌了。

"放心，看在太阳系的份上，我会留得更完整，更，呃，我词穷了，更大一些。欢迎来到我的基地。看到我后面的箱子了吗？那里已经安装了一个自毁系统。只要我一按，整个太阳系的水、电、油、煤都会停止供应，10秒钟后，核弹就会降临。我敢打赌从我右手边的屏幕观看更加逼真。

"我们来做一个游戏吧。

"我手中有一个骰子。如果我连续掷到3个'6'，自毁系统启动；如果我投掷了216次还没有投掷出3个'6'，自毁系统就不会启动。"Forever说。

荒唐！

匹克想。

疯了。把整个太阳系的命运用一个4立方厘米的小正方体囚禁着，掌控着。

匹克冷笑了一声。

这种搭配怎么看都觉得很怪。

匹克想到另一个更奇怪的问题：上帝掷骰子吗？

骰子？在实际应用中只会是在澳门赌场出现的玩意。

物理学里，骰子表明了概率。

想想，连续投掷3个"6"的概率，1/216？

这也太微小了吧？对于太阳系而言。

但是，再微小，也不是不可能。你只能说投掷到3个"6"的概率小之又小。

在太阳系帝国即将灭亡前夕，默默地在下水道下方谈论物理学是一件很，嗯，怪异的事情。

这有什么怪异？在我创造太阳系帝国灭亡的条件时，也不是一样吗？

呵呵。

Forever没有吱声。他把骰子掷来掷去。太阳系就在他的手中。

已经第200次了。匹克想到。

但愿能长久，千古传佳话啊！

上帝，你掷骰子吗？

心好累。

算了，别往坏处想。记得墨菲定律吗？

墨菲原本是一位美国工程师。他在开玩笑时，说了一句话："如果一件事情有可能被弄糟，让他去做就一定会弄糟。"

结果，这句话广泛流传。最通俗的形式是：如果坏事情有可能发生，不管这种可能性多么小，它总会发生，并会引起最大可能的损失。

其他的变种，他记得有一个叫别跟傻瓜吵架，不然旁人会搞不清楚到底谁是傻瓜。

对啊！不要和疯子（Forever）吵架，不然别人（甚至他自己已经）搞不清楚谁是疯子！

啊？我是疯子？

"很可惜，你就是疯子，跟我一样。216次到了，我们亲爱的上帝果然不掷骰子。"Forever说。

"每一个人，说实话吧。我自己有所谓的地球人民的义务。"

匹克依然头晕。他头疼。

"你应该感到庆幸，说实话。不得不说，你们73办公室的小玩意真的，巧妙。紫外线，让我手心发烫。"

"那么。太阳系没事。

那么，

匹克，

告诉我，你们火星人民的义务，是什么？"

Forever的问题让他不知所措。

选择你的阵营！改变你的立场！

"嗯。这个问题嘛，很好，可惜我不知道怎么回答。"

"哎，匹克，我身为地球副主席，见过无数火星人，你也太不像火星人了。"

"怎么，有问题吗？"匹克闭上眼睛。

"别尝试通信了。这里我已经屏蔽了信号。"Forever从柜子里拿出一沓文件，抛给他，"看看吧，这就是火星人民的义务。"

第346次任务计划

时间：太阳系纪元1年

参战方：金融办公室，72办公室，黑客联盟

计划：通过指挥官星"玻璃"NO.87（匹克）安插在地球政府的1539部队，绑架地球政府首脑

为了方便"处理"与"防卫"，黑客会在？：20分进攻太阳系网络，并且会留下【附件2】来让人们以为是地球政府干的。

【附件2】未解密

这让匹克够吃惊的。太阳系纪元第一年，火星办公室就已经采取了346次行动。

本以为，他是在组织里混得最熟的。原来，在此之前，还有许多前辈啊。

"匹克，还有呢。"

第999次计划：

太阳系纪元3年，909金融9A级办公室

通过水星"宇宙之门"公司的信誉漏洞门，用它以及客户作掩护，洗钱800亿火星币，预计净利润为一千万亿火星币。

（当前流程：2火星币=1太阳币 1太阳币=20海王星币 1海王星币=1000水星币 1水星币=100火星币）

第……

太阳纪……93er办公室……

……爆炸太阳系大厦……抢劫……

第34909次……

由匹克出面，捣乱太阳系……

最后，让NO.2把他杀了，不留下罪证……

"我去，他们想杀我！"匹克叫道。

"火星人，这就是火星人的义务。你每一次做任务是，都不会意识到任务的本质内容。　正如你曾经所想的，每一个词都有三重含义。"

"那，有什么办法？"

"怎么办？"Forever笑了，"怎么办，凉拌炒鸡蛋！你的烂摊子，你自己收拾！"

"呵呵。"匹克笑了，"那么，你说，这地方，能屏蔽信号，能屏蔽热源吗？"

"啊？"Forever一脸懵，"热源不可能被屏蔽的呀。"

哎呀！！忘了！！！

无数人从洞口跳下来。

终　结

嗯，匹克不知道他怎么会到火星，怎么面对记者的提问的。

他已经忘了。

只不过，他依然在正常地生活，而不是在黑暗或闪光灯下。

他打开易信，发现咖啡布丁已经下线了。

他发了一条留言：

什么时候上线？等你。

现在想起来，那家伙好像一年没上线了。

生活，由骰子支配。

叶开老师评：

　　读完沼泽这篇精彩的"硬科幻"短篇小说《骰子》，我一时不知道怎样的评价才能更好更漂亮地配上你的精彩作品了。唔，我想出了这些词：很扎实，很结实，很有说服力，逻辑上没有任何的不自洽。"掷骰子"和"墨菲定律"的运用也超好，尤其是把这两个"定律"用在了火星人匹克面对地球超大恐怖分子Forever上，而后者正以整个太阳系的毁灭来做威胁这个最重要的故事高潮点上，气氛渲染得刚刚好。而且，哈哈，那个"结"解开得也非常自然、流畅，出人意料，"热源不能屏蔽"！

　　我感到有一点点慌张，有一点点感到作为"脑师"的悲剧，似乎被你弄成"脑力废柴"了。哎呀，但你的写作不是故意烦琐，故意佶屈聱牙，而是简洁，自然，线索明晰。没想到"上帝不掷骰子"这句爱因斯坦的名言，都被你用来做了小说题目，转变为故事的推动力，而且运用得那么好。我这个"脑师"，还能有什么高明的感想？夫复何求？呜呜，痛笑三声先！

　　一般来说，小学生或者初中生写作，都会在逻辑和核心推动力上，有各种各样的小欠缺，但是你这篇科幻小说，却找不到任何的破绽，完全没有破绽。从匹克接到任务，到终极大boss的轻佻出现，节奏感都掌握得超好，分寸感拿捏得简直是杠杠的。如此一来，之前那各星球航天大楼的数目之类的繁复介绍，就显得很有意思了。而且节奏感舒缓之后，Forever和匹克的紧张场面，就有特殊意义了。那段匹克制造的新闻混乱也超级厉害。抱歉，只能用这个说法啊。

"生活，由骰子支配。"或许吧，但是，写作创造了崭新的世界。

2 错 过

狼昨（桂一今）　六年级

　　"柯伊伯带外围50天文单位以外的旅客们，您好！本次旅行的目标是太阳系中心地带，行星聚集地，唯一一个生命和文明全部聚集于地面上，科技水平全太阳系最落后的星球——地球。"

　　蓝将她的视线从虚拟屏幕上移开，望向窗外。

　　"哼，据我所知，这个星球对原始的核武器都加以限制，还说会引起'污染'？资源还用最原始的石油！稍好一点的也不过是太阳能或风能而已。"蓝后面的一位带着裂变（地球人连这种生产能源的方式都没有掌握）头盔的"大叔"吼道，声音大得全车厢都能听见。他是不是觉得别人听到的声音和他边听音乐边听的音量是一样的？她扶了扶额头，为阅神星的未来和智商感到堪忧。

"我们正在以第四宇宙速度航行，航行速度为115.6km/s。"

115.6km/s？现在最快的不过是第五宇宙速度吧。虽然可以脱出星系群但是还是很慢啊，不知道什么时候文明可以实现超光速飞行呢？

算了，不想这么多了。蓝收回自己的思绪，重新将视线集中在了手边淡蓝色的屏幕上。

"地球。对宇宙了解最少以及太阳系最落后的天体，其平均智力水平，据研究，为40.86宇宙AIE（及格线为60.81宇宙AIE）。其能源方式为最基本的燃烧不可再生能源以及少量的可再生能源。有一套独立的星空鉴别体系：分出了太阳系内侧的落后内翼为'行星'，外围的为'矮行星'或'柯伊伯带'。（注：后者的称谓是土星游客旅行时乱丢垃圾而形成的）

对银河系以外毫无认知。最高的星际探索记录为月球及火星（正进行）。"

到这个行星做毕业旅行，应该会很有趣的？蓝低头看了看自己带的背包（因太阳系管理体系规定：不可对低等认知生物透露其他文明的存在，需等待其自行发现才可加入协会。所以才需要带这个鬼东西）"喏，这是水，这是合成胶囊，这是……这个是……'钱'？"蓝有些疑惑，点击了地球介绍的"货币"那一栏。

"货币：货币像SE的积分一样，是商品互换的媒介。但不同于太阳系大部分天体统一的SE积分制，地球使用纸质货币（注：有关纸的说明见原材料和基本工业章节）。地球的货币分成不同的种类，其原因是称之为'国家'的行政区域（可以在本手册的行政分类查看）。本次旅行检测目标为中国，货币为'人民币'。"

嗯，好像和AC2000年—AC3000年的货币制度很像呢。蓝闭上了眼睛，放松靠在椅背上——她的专业是宇宙历史学，以后的就职方向是咨询师——避免"蜜汁"重蹈覆辙的那种，对这些老旧的制度，还不够了解么？

"IE-20型穿梭机可将距离压缩30 000 000倍——其限制是低于光速；其原理是……"往后的，蓝听不进去了，她只想听到达时间——"大约在5.5SD（注：Solar Day，量度与地球日相同）后可到达地球。"

"在这5.5天里，旅客们可采用短期休眠，或在本航班上休息。本航班设有专业饮料吧，休息室……"

蓝走向了标着"蓝·枫/551AF"的休眠舱，核对了名字和旅客号以后，走进去躺下接好营养管后按下了休眠键。

"滴……滴……滴……滴……"蓝疑惑地揉了揉眼睛——这是休眠舱能量耗尽的声音。

是到了么？这个航班真黑心啊，能量就这么一点点的。算了，毕竟是学生党，不要追求那么多了。还是先出去吧。

打开舱门以后，蓝傻眼了——她看到的不是泛着微光的船舱，而是一望无际的虚无，以及下方的蓝色星球。

蓝打开自己休眠舱的黑匣子，看到了这样一幕：当航行到1.5SD时穿梭机的压缩功能损坏了，所有船舱内的旅客以及机长乘务人员一致决定花1SY（注：Solar Year，同地球年）返回，惟独在休眠的蓝的休眠舱检测到损坏以后这个巨坑自动脱离了！真不知道协会是怎么设计的！真是"出行有风险，休眠需谨慎"啊！

蓝顺手打开了时间管理和简介，却发现——现在已经是AC30128年了。她出发的时候还是AC19923年啊（注：太阳系平均寿命为AC508.72年）！她闭上眼睛，想起了自己的家人、同学、朋友，但是，这都一去不复返了啊。

"警报，警报，能源还剩1.01%，需要紧急迫降，否则后果很严重。"飞船的警报声响起。这个时候……应该没有退路了吧……只能紧急迫降在地球上了！

就当她准备按下"脱出"键前一秒，她忽然想到要查看地球的科技水平。好歹过了这么多年了，也可以通过地球人，让协会把她送回家吧！想到这里，蓝在虚拟面板上单击了"地球"。

"地球：旧太阳系纪元最发达的行星，创举为跨维度穿梭，实现超光速飞行，以及带领太阳系协会移居50000光年以外的D23AU星系。曾一度是科技最落后，也是最后加入协会的行星，但在一系列科技爆炸后一跃为最发达的星球。"

……太阳系……移居？

"移居计划：新协会及移民计划由地球带领，旨在由AC27813年90%的太阳系居民移居至D23AU星系，其资源发达，拥有稳定的双恒星系统。"

　　"这……都移居了啊……"蓝很沮丧，是不是就要降落在一片荒凉的土地上了呢？

　　忽然，她想起——90%的太阳系居民移居，那么还有10%呢？她双眼一亮，飞快地从屏幕上扫过，果然，功夫不负有心人——

　　"未移居居民：大部分由地球人组成，科技落后到了极点，几乎是地球在AC19900年的水平。封建落后，在多代繁衍后淡忘了太阳系协会，ASD计划以及其他科技，并把这些当成不切实际的传说。最尖端的科技保留只有小范围慢速飞船以及基本功能能耗性AI。"

　　……怎么有种不祥的预感啊……

　　就当蓝犹豫的时候，休眠舱响起了警报声，她知道，只剩下1%的能源了，所以闭上眼睛按下了"脱出"键。

　　"BOOM！"

　　蓝走出船舱，嗯，没有想象的那么可怕嘛。打量了一下周围的环境，这应该是一个落后的都市聚集区，使用的是石油燃烧能耗的交通工具，通讯用有实体的触屏设备。——周围的人太多了，对于凭空出现的她和休眠舱，没有感到异常——好吧，是休眠舱的隐形功能最后一次发挥作用了！

　　蓝走到一个没人的地方，打开了手表产生的虚拟屏幕，点开了定位功能。

　　"上海：地球中国保留区经济最发达的城市之一。"

　　……这还叫最发达。

　　现在，还是整理一下，通告一下地球人，看看他们的解决方法？还是就这么安稳活下去？在超发达社会里生活过数十年的蓝，一夜回到公元前还真有点不适应，抓耳挠腮还硬是想不出办法来。

蓝忽然发现自己的手表虚拟AI界面有建议和解析，可以帮忙分析适应环境！运气好时还可以联系总部！

【虽然不知道可不可以联系上】

她兴奋地点开了AI虚拟机界面，点击"决策与通讯"选项——"核聚变手表供能出现异常，需要维修。"

……维修么？地球人要是懂，就应该会维修核聚变供能吧！好歹也曾经是最发达的行星啊！虽然都成了过去式，也不会这么落后吧！想到这儿，蓝开心地带着耳返式翻译机，攥着手里的几张纸币，来到了一个贴着"维修店"标识的铺面前。

铺里走出一位中年男人，左手食指和中指夹着烟蒂，不耐烦地看着蓝问道："你来干哈？要修么事？嗦出来听缇？"这夹带着方言的普通话是没有记录在翻译机系统的，但是还是勉强能翻译出来。

"您好，我是来修核聚变手表的。应该是供能导管坏了，供能主核好像也出了问题……喏，这里，还有这里。"蓝操着翻译机口吻同样不标准的普通话，回复道。

"核计变？么事啊？洋人的东西吧？"铺主用看外星人（机智的铺主早就看穿了真相）的眼光打量着蓝，"俺这啊，哈都修，冰箱、电视机、洗衣机、空调……"他把手指一根根掰开，"就是不修这吗事核计变。"

"核聚变……最基本的知识啊。就是太阳供能的方式啊……不应该很……"蓝边比画一个大球，边念叨着，"就这么多的能量，都是从太阳里来的呀！都是核聚变啊！恒星都是这样的啊！"当蓝发现铺主要把她赶出去，还用想杀人的眼光看着她时，马上住了嘴："那么，请问您可以帮我外接一个供能外设么？什么都行。"

铺主接过手表，打量了一会儿，"这不就一个手表么，哈时候不可以买啊？核计变，俺是个粗人不知道，接外设，俺也脑子不好使，太阳，不就叶发亮大球儿么？你深井冰么？辣家不好来俺这搞事情？"铺主下达了逐客令，"走！马桑奏凯！"

……蓝夹着尾巴，一点也不愉快地逃离了。

后来，蓝尝试寻求帮助，但都在白眼、关爱的眼神中逃离。

"傻白甜"的蓝同学发现自己完全成了个地球人的样子！没有供能管，没有交通渠道，没有AI帮忙，更没有别的神奇鬼东西，只有自己、翻译机、水、四粒合成胶囊和一点地球货币。

现在该怎么办？蓝没想到地球的科技差到这个水平了，要是自己去街上继续找人说，肯定会被当成神经病的……但是，不说的话自己也适应不了这个鬼地方的生活方式啊！

就当她准备放弃"治疗"想要撞墙的时候，一个声音在她耳边响过："检测到目标需要帮助——您好，请问有什么需要么？"

一个低智能的AI，蓝绝望地想到，这能有什么帮助呢？

"请告诉我您的需求。"

"哦，我需要修理核聚变手表，你又能帮我什么呢？"

果然，还是不行啊。

"核聚变能源拆除中……编号400129能源拆除完毕。"这段语音结束后，AI的主控里弹出了一个窗口，里面有一个核聚变的球，嗯，就是球。——尖端的地球科技，现代的蠢货还让它自己在街上游荡！当她还没反应过来时，能源已经弹出装到了她的手表里，手表很智能地接通了位于D23AU的总部通讯——整个过程不长于三秒钟："您好，这里是523，请问有什么需要帮助的么？"一个女声从手表里传来。

蓝愣了一下，立马说道："我……是由于很久以前的一次毕业旅行，时空压缩机和休眠舱损坏，被困在现在的地球上中国上海保留区。需要救援，谢谢。还有……"

"好的，请讲，我们正在给您定位，将会派遣飞行器前来救援。"

蓝清了清嗓子："对不起……我有个请求……请问可以帮忙带一个适用于基础AI的核聚变核心来么……要不是因为编号400129，我也不可能跟你们通话了。"

对面的声音顿了一下："这个……我不好决策，还是让人类主管来看看吧。"

过了一会，AI的声音消去，一个浑厚的男声响起："对不起。编号400129使用的是一次性核心……不能恢复了。但是前来救援的飞行器很快就会到达，请耐心等待2SD左右。"说罢，挂断了通话。

蓝瘫了下来，望着前面的400129，一时不知道说什么好。一个素未谋面的人……啊，不，AI，为了自己一个无足轻重的通讯，为了人性，还是为了自己的守则？程序？算法？放弃了自己见证地球保留区无数年，而将能源给了她。要是早先，她还会安慰自己这只是算法，是设定好的机制；但是经过了修理铺那个大叔的对待，以及各种反差对比，她真的无法心安理得地离开400129等待救援了……

蓝在原地呆坐了两个SD，直到救援到来。

"蓝小姐，请登上飞行器与我们一同离开。"蓝眼眶里含着两滴泪珠，指了指400129，示意要把它也带上。

"不好意思，小姐。我们轻型飞行器的负重有限，请尽快登上来。"

"那，等我一会儿。"

救援人员有些无可奈何："好吧，那么等到有蜂鸣声要关门的时候，你必须上来。"

蓝抹了抹眼泪："嗯，好的。"

之后的半个SH（注：Solar Hour，同地球时），两人：一"死"AI，一飞行器，一言不发。"嘀——"

蜂鸣声响起。蓝睁开了眼睛——她"又"回到了休眠舱内。

这是怎么回事？听到能量即将耗尽的提示音后，她打开了休眠舱使用守则，看看能不能从这里找到一些发现。

"第242条：如休眠时间超过1000SY，即使用增强现实的梦境AR技术使主体适应现实，也会使用幻想或未来发展猜想预测增加代入感。"

虚拟屏幕闪了一下："现在时间：AC27813年。"

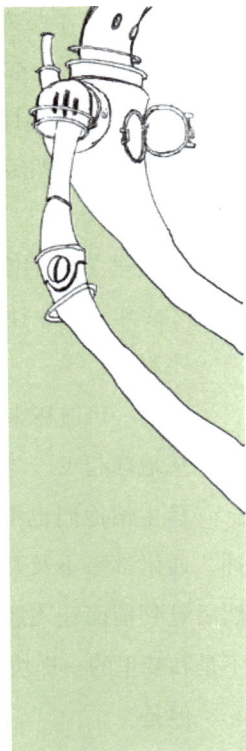

……这，不是太阳系计划移居的时间么？意思是……我还可以赶得上？而且……400129什么的……还是好好的？

蓝立马制订了计划，先用还有4%电量的休眠舱拦截一艘移民的飞船连上通讯，然后去接上400129一起走！

【没毛病】

她立马关闭了休眠舱的隐形【好吧保护色】功能【就是因为这个她才多年没被来往的飞船发现！】，待在航道上准备拦截！

不料。

最后一班航班来了，只载了20人，是末班车。

从地球起飞。

蓝生怕他们也不愿带上一个"累赘"的基本性AI，赶忙向地球冲，通讯都来不及开，意气用事凭感觉向前冲，想要带上400129，然后赶到前面让飞船停下接她——她不确定这个年代的航行速度是不是和梦里的一样快，而且要是救援飞行器也不愿带上AI怎么办？

但是。

新式的移民长途飞船。

设计的是防宇宙自然天体冲击以及避开新式飞行器的波长。

对于这种老式飞行器。

没有设防。

在通讯自动接通的下一秒。

老式休眠舱撞上了新式飞船的供能舱。

双方一个没有来得及放下紧急装置，一个已经被撞坏了。

在夜空中划出一条完美的弧线。

然后，飞船和休眠舱灰飞烟灭。

留下的污染和飞船残骸掉到了火星上——所幸所有的火星人都移民了。

至于400129？

对不起。

在这个现实中，

400129什么的，

根本就不存在。

旧式AI的编号到200131就结束了。

新AI的编号方式为Ax一直到Zxxxxxxxx，不会有纯数字编号。

第242条休眠舱的守则，已经在AC26005年被废除了。

原因是不切实际而可能发生虚拟感情及其他信息，使感性化的人难以接受。

叶开老师评：

　　哎呀，狼昨这个，基本、基本可以肯定，是"硬科幻"！虽然有强烈的时间穿越——我糊里糊涂地算了一下，休眠舱莫名其妙地就过了10205年的时间啊。这是怎么过去的？这么长的时间啊，这个要交代一下吧？你觉得呢？刘慈欣在《三体》最后一部里，把宇宙也写没了，不过，他弄了一个"小宇宙"，让主人公逃过了宇宙的寂灭轮回。那个，说老实话，虽然宏大无比，但是，我觉得不太妥当，灰飞烟灭是文学之外的想象。你这个，残留的"情感"成了毁灭的因素，确实，太令人悲催了。不管怎么说，"蓝"这个学生的地球之旅，简直是太疯狂，太悬念迭出，太恐怖了。然而，编号为40129的AI出现方式，还是非常精彩的。如果你在它出现时，稍加一两个细节描写，或许更好？在绝望中，在那满口"东北话"或者什么话的傻瓜大叔的毫无帮助下，"蓝"只存一点点残念，她恨恨地踢一下什么地方，一个傻乎乎的、类似老式电话交换机盒子的金属盒子，然后，把半梦半醒的AI400129给唤醒了。这个如何？只是一个思路，哈哈，不过，你的这篇作品，我非常喜欢。小蓝又躺枪了，你们两个好"盆友"啊，哈哈！

3 行星飞船

木木水丁（林汀）　七年级

"1、2、3、发射！"

十几枚导弹在空中升起，分别向两个不同的方向奔去。

"A博士，这次应该没有问题吧？"

"绝对没有问题。木卫四统治的时间到了！"

"我还是有些不确定。毕竟，这样肯定是不对的，我们这样秘密举行……"

"大家肯定都会看到导弹一闪而过，但是导弹的速度如此之快，他们只会以为自己出现了幻觉。"

"可是……"

"哦，淡定点。法律上哪一条写着不能摧毁其他的星球？"

"额，好像没有。"

"这就对了嘛。"

几天之后，视野中的一颗星球怦然瓦解，却因为真空没有任何声音。而最让人惊恐的是，那颗星球，就是木卫四环绕的星球——木星。还有，没有人知道的是，它们现在暂时看不到的木卫三也被毁灭了。

我发誓，这是我一生中最激动人心的时刻了。收到通知，表示我在重重考验中脱颖而出，成为太阳探险队的一员。

木卫四的最新科技，在木星被摧毁后极致发展，现在已经有可以前往别的行星并安全返回的科技了。而下一步动作就是前往太阳系的核心——太阳。

不知什么原因，我被选上了。我并没有聪明的头脑，但是我被选上了。

距离发射还有一个小时。我深深地吸了一口气，想象着太阳上面可能会居住着什么生物——如果太阳有生物的话。最近，刚刚找到存在着生命迹象的地球，火星上的低等生命也被发现，现在就等待验证太阳了。

我检查着行李。记录本、医疗包、真空包装的食物、武器（万一太阳上的生物并不友好）等。然后我从训练中心走向飞船。

工作人员把我围了个水泄不通。在远处，我看到了和我一起入选的另一位宇航员——喻天桓也被围着，嘱咐着工作。

"飞船起飞后，如果有什么故障……"

"我知道！"我不耐烦地挥了挥手，去与喻天桓会合。

"走了。"没等我打招呼，一个工作人员把我与喻天桓推上了飞船。

"我下去了，飞船5分钟后发射。"然后他意味深长地看了我们一眼，转身走出了飞船。

然后我跟喻天桓打了迟来的招呼："你好。"

"你好。"他走向自己的控制区，开始通讯。

"请注意，太阳探险-1号于4分钟后发射。"

我走到一个平放着的垫子上。等一会儿起飞时会有很大的压力，垫子是用来缓冲的。"过来吗？"我问喻天桓。

"等一下。"他在控制台上忙活着不知道什么东西，我看到他的手指飞速地敲打着键盘。

"请注意，太阳探险-1号于3分钟后发射。"机械的女声在此时显得格格不入。

"好了。"喻天桓如释重负地重重地按了最后一个键，我猜应该是Enter。

他也爬到自己的气垫上去。

"请注意，太阳探险-1号于2分钟后发射。"

我的脑袋里想象着训练时经历过的无数事情。万一有意外……

"请注意，太阳探险-1号于1分钟后发射。"

我的眼睛仿佛透过了飞船的墙壁。我看到了外面开始紧急疏散的人群，看到了电视屏幕上直播的画面。我们的飞船看起来肯定非常威武。

"请注意，太阳探险–1号于30秒后发射。"

我偷偷向喻天桓看去。他闭着眼睛。他在想什么？

"请注意，太阳探险–1号于15秒后发射。"

我也闭上了我的眼睛。

"请注意，太阳探险–1号于10秒后发射。"

"请注意，太阳探险发射时间开始倒计时。10、9、8、7——"

飞船开始震动。

"6、5、4——"

震动程度加大了。

"3、2——"

我的心跳响度几乎可以与原始电脑工作时的响度相比。

"1！"

耳朵里的位觉感受器提醒我们正在上升。根据工作人员的指示，我将嘴巴张开，保证耳膜不会因受压力不均衡而破裂。

然后我感受到了压力，这压力大得把我整个人都压在垫子上，无法做任何动作，哪怕移动一根手指头。

我咬紧牙关，忘记了飞船可能面临的意外，努力承受着这巨大的痛苦。不，并不是痛苦，这不痛，但是给人一种重力增大了几千倍的感觉。我努力与这压力抗争，但最后——

我眼前一黑，昏迷了过去。

　　再醒来时，重力已经恢复在木卫四上的基本情况。喻天桓已经在工作了，让我感到一阵羞耻感。

　　"黄升醒了。"见我走来，喻天桓对着通信设备与远在木卫四的工作人员说道。

　　"我们现在在哪里？"我走到窗户旁。满天的星斗，与在木卫四上所能看到的已经完全不一样了。

　　"距离木卫四已经航行了119691千米。"所以说，我昏迷了3个小时。我知道的，以飞船的最快速度39897 km/h来计算的话，从木卫四航行到太阳需要814天。而现在，剩下的旅途还有814天减去0.125天呢。

　　早在申请成为宇航员时，工作人员就提醒过我们在旅途中的枯燥性。所以说我倒是有心理准备，带了满满一大箱书籍。

　　可是喻天桓，他好像除了一些必需品什么都没带？他要怎么打发这剩余的813.875天？

　　"唉，黄升，你先把午餐摆好吧。"喻天桓头也不回地对我说。那种熟悉的羞耻感又在我心中升起，难道我除了做这些杂事以外什么都不能做吗？

　　但是我没有抱怨，将真空食品在食品加热器中加热后扔给喻天桓。

　　喻天桓伸手接住，然后就吃了起来。额，连声谢谢都不说吗？面对这样一个正经人，剩下的旅途我到底要怎么打发……

　　我也开始吃我的牛肉三明治。飞船里陷入了沉默，然后喻天桓突然开口了："黄升，你知道为什么会选你当宇航员吗？"

我把头埋都在包装纸里："让我来做杂活的吧。"

喻天桓非常认真地说："不是，因为你有一个特殊的任务。"

特殊的任务？我只是一个安心住在木卫四上的平民啊！在被选上成为太阳探险队之前完全没有任何特别之处。

"你的任务我现在不能告诉你，但是在我们接近地球时你会派上用场的。"

我挣扎着，最后还是没有忍住："那我岂不是在那之前都派不上用场？"

喻天桓扬起了眉毛："对。"

然后他站起身，向我走来。"跟我走。"

我没有动。

"跟我走。"

我屈服了，然后跟他走到我们晚上可以休息的空间。

然后他一拳打在我的肚子上。我踉跄地后退了几步，感到后面一个冰凉的针头刺进了我的脖子。

一滴水。一滴水滴在我的脸上，每次只是一滴水，但还是源源不断地滴在我的脸上。明明侧侧头就可以避过，但是我做不到。我的身体很痛，也很重。我感觉自己刚从一个几百年的睡梦中醒过来。

睁开眼，眼前还是模糊一片。我看到一个身影在晃动。于是我命令我的眼睛聚焦，自己调节晶状体，将像呈在视网膜上。

一个机械女声说道："距离目的地还有150 000 000公里。"

"喂。黄升！"喻天桓的声音。

我仿佛才刚想起一切，猛然咬牙道："喻天桓你给我注入了什么东西！"

"注入？"喻天桓仿佛需要思考一会儿，"哦对，两年前的事了。"

两年前？对，刚刚那个女声说距离目的地只剩下150 000 000公里了，意思就是……

我睡了两年？

"哎，黄升，我这也是为你好嘛。看，你这样一个在前面这一段旅程中完全派不上用场的人多无聊啊，我可是好心让你少了两年的发呆时间哦。"

"你让我的生命减少了两年。"我没好气地说，"那么，现在我要做什么？"

"你记得在我们出发前，工作人员曾经把你单独叫去做了一次检查吗？"

"记得。"

喻天桓神秘地笑了："他就是把一个影像植入了你的大脑。"

"啊？"植入大脑？现代科学技术可以达到吗？

"反正等一下你就知道了。但在那之前，你只能看你的那一箱子书了。"

那箱我辛辛苦苦排好序的书散落一地。

"你早就翻过无数次了，是吧？"

"没错，都可以背了。你信吗？"

"不信。"

然后喻天桓背了起来。我忘了，宇航员本身的选择标准就是拥有非凡的天赋，当然，除了我之外。

过了一个小时，突然间飞船被猛地向左拉了一下。"怎么回事？"我从书中抬起头。

"该死的！"在我的印象中喻天桓第一次咒骂道，迅速向指挥台跑去，敲了几个指令。

"怎么了？"

"受地球引力……太阳探险-1号呼叫木卫四。"

"有何指示？"那个熟悉的机械女声响起。

"我们受地球引力影响，偏离航道。请求加速。"

"请求准许。"

"黄升，抓紧了！"

我感到飞船一阵加速，整个人摔倒在地上。我们逃脱了吗？我爬了起来，可是还是感觉到飞船在渐渐向左边靠拢。喻天桓整个人都成了弓箭的弓一样的形状，眼睛瞪得极大，死死地看着眼前的屏幕。

过了5分钟……

"不行了。"喻天桓瘫在座椅上。

"那我们……会死吗？"我小心翼翼地问道。

"死？那倒不会。我要启动降落程序了。"喻天桓的手指飞速地按了几个键，"可是做好心理准备。我们可能……回不去了。"

"回不去了？"

"能量不够。刚刚那个冲锋……"

有一个机械音打断了他的话："准备启动降落伞。是否同意？"

"同意。"喻天桓应道。"黄升，我们可能会昏迷一段时间。"

"哦。"我回答道。然后我眨了一下眼。喻天桓呢？

他倒在地上。

"喻天桓！"我飞奔过去。

"唉……"

"为什么你倒在地上？"

"我不是告诉你了吗？可能会昏迷一段时间！" 昏迷？难道刚才我已经昏迷了？可为什么自己完全没有知觉？

"哦，对。地球上面是有智慧生物的，我们可能会被当作……"他顿了顿，"外星人。"

…………

"啊啊啊？"我希望能见到外星人，可没有希望自己要被当成外星人被人"见"啊！

"不过我找了一个人较少的地方。"

"哪里？"

"地球人称之为南极。"

他打开飞船门。

"喂！你要干什么？"

"待在飞船里多无聊啊。"

我无语地追了上去："会被人看见的啊。"

　　他不屑地看了我一眼："地球探险队的成员早就来到这里了好不好，他们早就见过地球人了。"

　　"好吧。"

　　我走下飞船，喻天桓走在前面。一些我从来没有见过的东西浮现在眼前，哪怕我带着氧气面罩却都能感受到这些东西的亲切。一些不明物体在……浮动？还有一块一块的东西，凝结成地面，我们的飞船竟然就停泊在这一块东西上面！而且，这里的天空是蓝的。这个我倒是有先见之明，我在电视上曾经看到过地球的大概样貌。

　　"我们现在要怎么做？"我问喻天桓。

　　"等。"

　　"等什么？"

　　"等天黑。"

　　我已经养成不问为什么的习惯，于是也席地而坐，等待天黑。

　　"唉……那个就是……"

　　一个光明的东西悬在西边。我的眼睛无法直视，但是整个天空似乎都被那个东西所照亮。

　　"嗯。是太阳。"

　　我从来没有想象过太阳从地球上看会是这么温暖的东西。也是，如果没有它，整个太阳系都会灭亡的吧。

　　"对了，黄升，你知道月球吗？"

　　月球？我的脑袋里努力搜索着这个词。然后我想了起来："不是地球的卫星吗？"

　　"嗯。也是地球人的保障。如果没有月球，地球磁场消失，太

阳风和宇宙射线能进入地球，地球马上就会毁灭。"

　　原来是这样。那我们的木卫四对于木星来说应该也是这样的吧，我们对木星也会有一定的帮助的吧。等一下……哦，对了，木星毁灭了呢。忘记了，在木星和木卫三刚刚发现存在智慧生命时就毁灭了。

　　我发了一会儿呆。等回过神时，太阳已变得血红，一半遮掩在地平线上，使那个不知名液体产生了一条火红的道路。

　　"好美……"我暗自呢喃道。

　　过了一会儿，太阳不见了。

　　喻天桓道："走吧。"

　　"走？"

　　"回飞船。"

　　"黄升，你还记得你曾经跟着工作人员学习过导弹的控制技术吗？"

　　"嗯。"

　　"你，是时候派上用场了。跟我来。"

　　我们走回了飞船。在控制台上，喻天桓按了几个键。一道暗门打开了。"我怎么从来不知道……"

　　"因为没必要告诉你啊。"

　　"咳咳……"不要再伤害我的自尊心了好不好。

又是一间控制舱。

"来。坐下。"

我笨拙地坐了下来，看着熟悉的键盘。对，这些我都会的，因为这是操作导弹的技术，我已经练习过万次的技术。

"等一会儿你要发射导弹。"

"发射？"

"别问为什么。"

我开始起疑心了。发射导弹对于我们重回木卫四有任何帮助吗？但我的手指还是熟练地按下了几个键。"随时可以发射了。"

"很好。目标我已经对准了，你发射。"

"哦。"我按下了最后一个键。

没有任何事情发生。但是，确实是这样，以导弹的速度飞向外太空在2秒后就会穿过大气层，马上进入真空，不会传出任何声音的。

"出去吧。"

我们又到了地球表面。

喻天桓的嘴角勾起一丝弧度："完成了。"

导弹飞行的方向是……

"你要摧毁地球？"我不可思议地转过身。

"嗯。"

导弹飞向月球。没有了月球……后果喻天桓也讲过了。

"为什么？"我还处于震惊当中。为什么要把与我们没有任何瓜葛的地球毁灭。

喻天桓沉默了一会儿："你知道吗？木星与木卫三就是以这种方式灭亡的。"

"你！你完全知情是不是？"

喻天桓满意地笑了："在木卫四的主宰者协会中，我的代码是A博士，负责研究导弹技术。我们主宰者协会的目的，就是让木卫四成为太阳系的主宰者，所有其他星球的智慧生物我们都要摧毁。"

"你这样做……是不对的！"我用尽全力挤出这几个字。

"怎么不对？有法律禁止吗？"

"这……"我挣扎着。

"可是，那为什么要把能源用尽？这样子的话你就不可以安全返回木卫四了。"

"黄升，你还是那么不机灵啊。我一回去，木卫四的人不会起疑心吗？他们肯定会把罪名归到我们身上的！"

"我们？"

"没错。你发射了导弹，你也是帮凶！"

对。刚刚那几秒，我把一个种族给毁灭了。不止一个种族，一个行星。地球会因为没有月球的抵挡而被陨石、流星毁灭的。

"过不了多久，我们连同这个星球上的生命都要死了。"喻天桓淡定地说。

原来把我弄来就是发射这个导弹。就因为我并不突出，所以损失也没有关系，所以我才成为"地球毁灭"-1号的宇航员的。

一个声音，并不从喻天桓那里发出，进入了我的耳朵。

"地球不是真空的！它有空气，这样声音才能传播！"

可是事到如此，有什么用呢？

"等一下……那个声音从哪里来的？"我看到喻天桓满脸仇恨地寻找着对象。我不知道我干了什么，可是下一秒，我发现我将喻天桓打倒在地，就是心脏的位置。

喻天桓被我杀死了。可是，为什么我要这样做？

然后我的注意力转向那个声音的发源者。是一对地球男女，穿着厚厚的衣服。来南极，只有可能是来探险的吧。我飞奔过去，抓起他们便跑回飞船。奇怪，地球人那么轻啊。

"啊！外星人啊！"那个女人叫道，可是我没有理她。

我知道我的时间所剩无几。地球马上就要毁灭了。

我关上飞船的门，启动飞船。我发现，其实我并不是那么一无是处。工作人员交给我的飞船控制技术原来我没有忘记，只是因为喻天桓在我才没有操作飞船。

飞船升空了。

我飞向火星。窗外的月球似乎没有任何变化。

我松了一口气。

然后，月球粉碎了。但是我们已经脱离了地球。

几天之后，我们降落在火星。在那里，我们等待了一年。为什么？因为飞船能源不够了，我们要等火星在自己的轨道上运行到距离下一个星球，离木卫一最近时才能起飞。然后当木卫一距离木卫二最近时再起飞，然后以此类推，我们才能到达木卫四。

这样的能源节省是巨大的。飞行距离能节省多少？我不知道，不过食物不用担心——我来这里的一路上都没有吃过几餐呢！我们三个人节省点吃，肯定是够的。然后一天后我想到了联系木卫四，并告诉他们一切。木卫四上的人全部都站在我这边。他们计算，凭我们现在的能源是肯定能安全抵达木卫四的。

"一定要营救地球生命！"他们是这样说的。我身后的一男一女，就是地球的希望。他们会在火星上生存。我们会给他们最靠近地球的空间，他们会繁殖更多的地球人。

史上第一次，不同星球上的两个人会生活在同一个星球上。

叶开老师评：

　　林汀的鸿篇巨制啊！等等，我首先想到一个问题，把木星摧毁了之后，木卫四怎么办？要知道，木卫四是围绕着木星公转的啊。没有了木星，木卫四如何稳定和平衡？或许要写一句：木卫四的超高科技，使得他们可以调整木卫四的运转轨道，而变成围绕太阳公转的一颗行星，而不再是木星的卫星。但是，木星被摧毁后，无论如何会造成太阳系的极度不稳定，因为木星太大了，它的质量占了所有行星重量的一半以上。至于地球，摧毁了"稳定器"月球，确实就让地球失去了孕育生命的一切，比如潮汐，比如地球的23°倾角，都会失去，但地球不会爆炸，而是环境慢慢地变恶劣，最后不适合人居住。

　　我说不要超光速飞行，不要飞出太阳系，要"硬科幻"，就是希望你们思考这些合理性，不断调整自己的思考。还有，到太阳去考察，也要引入太阳的相关指标，如体积多大，温度多高，怎么才能在高温高压无比严酷的太阳表面着陆呢？所以，把这些问题都思考了，做出合理解释，这就是"硬科幻"！比如，木卫四这么发达，他们完全可以征服、统治整个太阳系啊，不一定要把其他星球的文明都消灭，这不符合我们地球人对利益最大化的合理性思考。把其他星球都干掉了，有什么意义呢？

4 兄 弟

开羽大人（李羿辉）　六年级

　　离开了这个星球，我透过外星飞船舱，看着重新恢复成海蓝色的蓝星（地球），还听见了地球人的欢送声和那对兄弟爽朗的笑声，再看看船舱后面溢出水的玻璃球。

　　再也不用为水源担心了！

　　我拨通了海王星总部号码：

　　"喂，是总部吗？马上派大型储水飞船ST-56前来支援！水量过多，我们装不下了！"

　　"好嘞！"

序

"嘀嘀嘀嘀嘀……"警报器响了，我接到海王星总部的电话："你好，这里是小哇。"

"你好，这里是总部零号，我是龙哥。刚刚接到上级报告，五号到五十五号水源库中缺乏水资源，而我星最新研究成果需要耗费大量的水源，上级派你去太阳系其他星球寻找水源，我现在把XL型号的储水飞船发给你，开着它去寻找水源吧！祝你一路平安。"

挂了电话，我听到门外一声巨响，一架超酷的飞船停在我家门口嘀，还有一个储水用的玻璃球！

龙哥从飞船上下来，拍拍我稚嫩的肩膀，说："小哇，这次的取水任务就交给你了。我相信你一定可以完成的！祝你好运。"

我坐上飞船并启动它，感觉肩负重任。望着越来越小的海王星，我不知道该去何处取水源——毕竟我是第一次单独执行任务。

我打开雷达，上面显示：最近含有液态水的星球——蓝星，距离43.464亿千米。

我便朝蓝星飞过去。

从此，我开始了一段蓝星之旅，但我不知道的是：我被卷入了一场蓝星人的阴谋之中，一场巨大的阴谋………

第一站：REX博士研究所

3650年6月25日 星期四

一

距离蓝星一光年时，雷达上显示出了一个图像：一个满是烟囱，烟囱里冒着绿色的烟的星球，雷达上显示：你即将到达蓝星，请做好下飞船准备。果然，不远处有个这样的星球，可这真的是蓝星吗？

我揉了揉眼睛，再看看手中的蓝星图片，眼前的蓝星已经失去了原来的蓝色，蓝星变成了灰星。

我只好找一个平地，停下了飞船，突然闻见一阵非常刺鼻的味道，我便晕了过去……

当我醒来时，发现自己正躺在实验室里，周围站着几个红眼睛的黑衣兵和实验人员，有的拿着机关枪，有的扛着火箭筒，对准了我的脑袋。我想喊，想逃，嗓子却像被什么东西堵住了，浑身被铁链牢牢地拴在床上。

"各位不要动，"突然有一个声音从大门传出来，黑衣兵立刻放下手中的武器敬了个礼。

"REX博士，你回来啦。"

"嗯……"

那人穿着一件西服，带着一双多功能红外眼镜，灰白头发，看样子像个博士。不同于其他工作人员，他的皮肤是浅灰色的。

"这是什么人？火星人？"他看看我浅绿色的皮肤问。

"您好，我来自海王星，我叫小哇。"我低声说道。

那博士立刻摆出一副热情的表情："外星贵客啊！喽啰们，把他放了！"

我的戒备心放松了许多。看样子他不像坏人。

"呵呵呵……小哇，您好，欢迎来到蓝星，这里是REX博士实验室，我就是无人不知的REX博士。"

"幸会幸会……"

我们俩人聊了起来，之后谈到了水源的问题。

"唉……现在可能找不到好的水源了。"REX给我看了看3500年印刷的世界地图，各个大陆已经见不到一点绿色，变成了灰色和浅黄色，四大洋的水变成了绿色，那是毫无生机的工业的废水，绿得让人恶心。

REX博士讲起了这些事。

二

门外一股冷风吹来，REX博士的声音变得低沉起来："你不知道，我还有个弟弟，也是个博士，叫海因里希。"

原来，海因里希博士和REX博士，既是兄弟，也是很要好的朋友。他们在一起共同研究科学，共同进步，打算为人类造福。他们两个还共同研发了世界上最大的核能净化机，可以净化空气、水，甚至阳光。因此两人受到了大众的追捧。人们饮用着健康的水，呼吸着新鲜的空气。两人看在眼里，乐在心里。

可因为一件事，两人分道扬镳。

关于申请科学专利的事。

二人争执不下，海因里希一气之下，毁掉了两人多年来的心血——那台世界上最大的净化器。据说是他借口找火星人来帮忙研究机器，实际上暗中用他们的中子武器，毁掉了净化器，并和他的助手——红，狼狈为奸。从此，刚刚恢复成蓝色的蓝星再次变成灰星。

人类出门不得不戴沉重的防毒面具和过滤器，且随身带枪。因为随时都有可能葬身于火星人中子武器的枪口下。海因里希和火星人开始研究一种又一种的病毒，其中最严重的就是Z病毒。被感染者有以下三种结果：

1.十秒内死亡。

2.感染变成次级僵尸，稍微严重点的变成疾风体或咆哮体。

3.短时间内晕倒，被火星人拖到研究所改造并洗脑，失去意识和记忆，成为他们的一员。

因此，海因里希成了臭名昭著的"灭绝师爷"。

"事情就是这样。海因里希博士的研究所在废弃的柏林。"REX博士说。

爱打抱不平的我也开始愤愤不平。"我明天去教训一下那个什么海因里希！你等着。"

第二天，我驾驶着我的XL型号的储水飞船，飞往指定目标：废弃的柏林，德国。

不料，在路途中我竟遭到了火星人的围攻。雷达显示：前方两百米有飞碟群。

可是我没有援兵啊！

飞碟群很快就赶到了我飞船周围，发射中子炮。我飞船上带的毁灭粒子一下消灭了一二十个。可飞碟群越来越多，不一会儿，我飞船后面的玻璃球就被击碎了。这下完了，装不了水，就完成不了任务，回去咋跟龙哥交差啊？

火星飞碟群人多力量大，我感觉飞船表面温度在急剧升高，飞船一点一点往下沉，完了。我闭上眼睛。

突然感觉有种力量把我往上拉，周围的飞碟群被炸毁了一大片，其余的残兵败将都逃走了。

我实在没力气了，隐隐约约看了看雷达：他们逃的方向好像是往REX博士研究所……然后我累得闭上了眼睛。

雷达语音提示："您即将到达废弃的柏林。"

第二站：废弃的柏林 海因里希的实验室

3650年6月26日　星期五

一

这是哪？

我醒来后发现自己坐在一个宽敞的大厅里，周围走动的都是黑衣兵，只是他们的眼睛是蓝色的。REX博士所说的被洗脑的人类变成的黑衣兵的眼睛是红色的。会不会……难道REX博士在误导我？难道他才是幕后的主谋？

蓝眼睛的黑衣兵没有一点敌意，但我丝毫没有放下警惕心。

"刷"的一声，我面前的大屏幕上出现了一个人：和REX博士长得很像，只是头发和胡子是金色的，皮肤是正常人的颜色而不是灰色。"你好，我是海因里希博士，你有什么事吗？请到我的实验室来。"接着大屏幕上出现了去往实验室的路。

怀着对REX博士的半信半疑，我来到了海因里希的实验室。

海因里希坐在电脑前，身边站着一个男人，细细的胡子，穿着红衣服，这应该是红了。

"请进。"海因里希开口了，语气比较冷淡。

我坐下来，说："听说你有一个哥哥，叫REX。"

"嗯，怎么了？"

"他说你毁灭了你们俩多年研究的大型净化器，还联合火星人要消灭地球，好多人类都被你洗脑了……你就是个叛徒！"我强压制住自己的怒火，但最后还是爆发出来了。

海因里希愣了许久……许久，他才慢慢站起来，打开了一个隐形门，取出一个密码箱，打开，拿出一个像U盘一样的东西，插在电脑上。点开里面的文件夹。

"你错了，我俩的确发生过那场争执，不过叛变的，是他……"

点开照片。

照片上是一片惨绝人寰的景象：中间是一个巨大的喇叭状的废气机器，听海因里希说那就是核能净化器。周围的地面上全是破碎的玻璃试管和药水，有次级僵尸，有各种变异体，有外星人和红眼睛的黑衣兵，有仓皇奔逃或战斗的人类。天空是血色的，还有四五个火星飞碟。而REX博士，则站在废弃的净化器上，仰天大笑。

这是3635年的一张照片。

海因里希没说什么，只是久久地闭上眼睛……

原来，REX博士才是幕后黑手！

二

正说着，我想起了我那近乎二级残废的储水飞船。

"红可以帮你。"海因里希说，"他在这方面比我强很多。"

只见红拿了一个像手电筒一样的东西。"咱们出去吧。"红说。

到了外面，我自觉地戴上海因里希给我的高级防毒面具和过滤器，只见红打开了这个手电筒一样的东西，照在破碎的玻璃球上，玻璃球闪了几下光，就立刻恢复了。红用同样的方法修复了飞船，包括雷达和语音系统。

"勇士，你想拯救蓝星吗？"海因里希博士亲切地问我，他第一次这么亲切。

"当然！"

"想拯救蓝星必须让我哥哥REX博士恢复。他在很小的时候就被外星人抓去洗脑了，只不过洗脑的程度较轻，他还没有丧失意志，不过明天如果不及时恢复他，他就会完全失去意志，到那时只有杀了他才能恢复蓝星。所以我们得尽快！我只有哥哥这一个亲人了，我不想失去他。"海因里希博士的声音有一些颤抖。

这时，海因里希的手机响了，是REX博士打过来的。

"哈哈哈哈哈哈！弟弟，我已经研发了最强大的药剂——LX药剂！你要不要来一支？明天我就会将它喝下去！变成邪神！哈哈哈哈哈哈……"电话那头响起了一阵狂笑。

“什么？！”我和红都大吃一惊。

“目前的科技还无法抵抗邪神的攻击，只有一个办法——去中国，找到昆仑天帝的黑洞。

它的黑洞比人造黑洞厉害得多。”

“那还等什么，去找昆仑天帝吧！”

“可万一要是把REX博士吸进去了咋办？被黑洞吸进去就再也出不来了……”红说。

“等一下，”海因里希似乎想到了什么，“我真是老了，差点忘了那瓶净化液还在办公室呢，把它拿出来，说不定能起到什么作用。”

他把净化液拿出来。

“不过净化液对REX博士作用很小，需要装备大量的净化液，配上昆仑天帝的黑洞，说不定可以成功。”海因里希说。

大伙忙活起来。真棒，红还把我的飞船增加了两个炮管。一共八个炮管。其中四个装上中子弹，另外四个装上净化液。再看看他们两个也准备好了。

“可以了吗？”我问。

“可以了，兵力也充足。”

"那么整装出发！"

第三站：中国 昆仑天帝的黑洞

3650年6月26日　星期五

昆仑天帝坐在他的黑洞中间，看着远处飞来几个发光的不明物："谁呀，打扰本帝休息……"

我们到了。

"您好昆仑天帝，我是小哇，这两位是红和海因里希。"我对昆仑天帝说。

"好吧，欢迎。你有什么问题要问伟大的昆仑天帝呢？"

"我们需要您的帮助。在很远的地方有一个神秘的REX博士，他企图毁灭世界，我们得在天亮之前赶到那里恢复他，不然只有死路一条。"

昆仑天帝沉思了一会，终于决定："好吧，我很乐意帮忙。你们说的REX博士，他在一个叫末日回响的地方。我可以带上黑洞去吗？"

"当然可以！"我们三个一致认同。

终章：决战

地点：末日回响

3650年6月27日　星期六

REX博士从研究所走出来，坐上他的杀戮机器人——TX-300铁甲威龙。

"毁灭蓝星的日子啊，终于来了！是时候了！"他狂叫道。

我们一行人终于赶到了这个死亡之地——末日回响。

我叫道："REX博士，今天是你毁灭蓝星的日子，也是你的末日，真是个值得纪念的日子。"说着，我朝机器人的头部开了一炮。在我的带领下，飞碟大军开始陆陆续续开炮。REX的飞碟兵呢，被我们的中子弹一个一个炸掉。

全力围攻铁甲威龙！

铁甲威龙虽然坚固，但也经不起我们的狂轰滥炸。他消灭了我们大部分军队后，终于散架了。

REX博士从废墟中爬出来，冷笑了几声，从怀中掏出一个瓶子。视力极好的我看见了上面的标签，那是……天哪！

LX药剂！

"大家快全面围攻REX博士，不能让他喝下去！"海因里希大声地吼道。但为时已晚，REX博士已经把药剂灌了下去。顷刻间，有几条灰色的藤蔓爬上了他的身体。这些藤蔓越来越多，他的身体也愈发巨大，左右两肩各长出四条巨蛇。"嘶啊啊啊啊啊——"他吼了一声。

巨大的体型，肩上四条巨蛇，两个巨爪，还有胸口上的巨口。老天，这就是邪神了。

红试图向他发射中子弹，他一手就抓住了中子弹，捏碎了它。

邪神张开胸口的巨嘴，释放强大的吸力。我感觉自己在慢慢接近他的巨口……

"昆仑天帝！快使用你的黑洞！我要被吸进去了，前面已经有小兵被吸进去了！”

　　“好嘞！”

　　昆仑天帝打开了黑洞，两股吸力撞在一起，邪神渐渐有些支持不住了。

　　邪神离黑洞越来越近，“不！”海因里希和邪神同时大喊。但为时已晚，昆仑天帝的黑洞实在是过于强大，想收也收不住。当黑洞闭合时，邪神早已消失得无影无踪。

　　“哥哥——”海因里希跳出飞船，跪在地上，泣不成声。

　　我和昆仑天帝试图挽救这一局面，我发现这个黑洞的另一端，竟然是个白洞！我欣喜若狂……

　　我启动了白洞。

　　一道白光照过来，里面有个黑影。白光消失，那人影被摔在地面上：

　　“哎哟，好痛……”

　　“哥哥！”海因里希站起来，急忙扑过去，给了哥哥一个大拥抱，“你还活着！”再看看他，皮肤已经恢复成了正常颜色。“弟弟，我刚刚是怎么了？”

　　“哥，现在我们去把那些被毁掉的研究成果修复了吧。”海因里希用一只手搭在他肩膀上。

　　“好。”REX博士回答。

　　所有人都被这一幕感动。

尾 声

这对兄弟来到了废弃的净化器旁，海因里希和REX，一手拿着一个手电筒一样的东西，照在净化器上。只见净化器慢慢地浮了起来。

我们一行人把净化器从头到尾照了一遍，好像是给它洗澡。不一会，净化器恢复了原来的样子，又增加了许多可净化的东西，甚至固体。

天空由深红变蓝了，水由绿变蓝了，太阳出来了，大地变绿了……

"我可以带些水回去吗？"我问。"当然可以。"大家异口同声。

他们开始帮我装水，直到装不下为止。

今天是3650年6月30日，是我该返回海王星的时候了。我依依不舍地跟他们告别。

"谢谢你们，以后我会常来的！再见！"

离开了这个星球，我透过外星飞船舱，看着重新恢复成海蓝色的蓝星（地球），还听见了地球人的欢送声和那对兄弟爽朗的笑声，再看看船舱后面溢出水的玻璃球。

再也不用为水源不足而担心了！

我拨通了海王星总部零号：

"喂，是总部吗？马上派大型储水飞船ST-56前来支援！水量过多我装不下了！"

"好嘞！"

叶开老师评：

　　李羿辉这部作品构思非常宏大，小哇来自海王星，来到蓝色星球准备取水。但是他来到蓝色星球，发现这个星球已经变成了灰色星球了，空气污染无法呼吸，大海污染成了毒水。而一位REX博士告诉他，自己曾和弟弟海因里希博士一起发明了一个巨大的中子净化器，净化蓝星的空气和水，但是海因里希博士打破了净化器，蓝星再次被深度污染。小哇前去德国柏林找海因里希博士的研究所，这才知道真相是，火星人入侵，REX博士被洗脑，破坏了净化器，他还有可能会服一种特效药变成可怕的、威力无穷的邪神，那就再也没有人能对抗他了。然后他们去找"昆仑天帝"借黑洞来对抗REX博士，最终，他们一起战胜了邪神，通过黑洞让REX博士恢复了人性。这个小说写得一波三折，荡气回肠，还有故事情节的反转，表现了兄弟情深，给你点赞！

5 地球48小时

颜梓华　八年级

第一章

1

银河大统一时间（UGT），公元39407年。

在去往遥远的行星的途中，韦陆再次承认：即便是置身于有加压系统和供热系统的接驳列车里，也可以感受到外部绝对零度的寒冷刺骨。

这班东方银河运输公司的不定期通勤接驳列车从心宿二始发，中途停靠数十个站，连接了这个区域好几个重要的恒星系。它优哉游哉地行驶在美丽而又神秘的猎户臂，终点站是陌生的南门二。几百光年的路程，随着氦的一种又一种同位素的诞生和大量制造以及

超光速中微子的研究突破，以中微子为媒质、氦的同位素（如氦-3等）为燃料的新型飞船不断涌现，超光速旅行得以实现。可时间却会存在差错，因为接近光速时都会造成时空扭曲。

南门二在宇宙的生命起源不久，曾一度是银河偏远地区的经济中心。可是，在银河大统一时间公元前3年那场血腥的银河大战中，南门二的大部分片区被银河军团的氦原子炮轰炸了，像一个弱不禁风的少女香消玉殒。如今去那里的观光客愈来愈少，唯一能参观的，只有那斑驳的战后古迹。

东方银河运输公司的定期列车线路可谓是覆盖了整个银河系，但位于旋臂臂端的无人问津的区域却没有定期班车，只有不定期的货运列车偶尔会踏进这荒无人烟的区域。

不知从什么时候开始，一些区域性的服务公司开始运营荒僻地区的接驳客运服务，但盈利极少。

两天前，一个来自心宿二的高中生韦陆瞒着家人，偷偷从自家中房间的窗户翻了出去，随身背着一个上锁的小背包，里面似乎装满了自己所有的秘密。他惊讶自己从住宅后边的面相识别门走出去竟如此从容。

他面不改色心不跳地搭上一辆飞的，直抵太空港。

自动售票窗口里，办理售票业务的AI（相当于地球上刷身份证取票的流程，使用AI售票是因为这种文明认为AI会比自助售票机更可靠，可是这种服务目前只在心宿二的大城市中存在）正用光子摄像机上下打量着他：一顶黑色鸭舌帽，身上穿着一件宽松的很不合身的棕色大衣，给人一种洒脱的感觉。可他的手上却拿着一张比特卡。他的母亲后来说她从来没有给过韦陆一张比特卡。可他手上确实拿着一张储蓄卡，把画面放大点看，还可以看到上面的"InterstellarPay（星际支付）"字样，面额是1000牵牛星元。这张卡是从哪里来的，也无从所知。也许，只是也许，这张卡是他偷来的。

他很快便从售票窗口前走了，乘车信息已经全部复制到了他的神经元里，到时候只需把手伸到感应器上就行了。

这种心宿二的文明和人类一样，都是二足碳基生物，一个头、两只手、两条腿。可唯一的区别就在于，他们的生命形态相当于是人类的进化体，思维非常发达。他们接受信息的方式也是通过声波，不过他们的脑电波极其发达，运用范围广泛。

好吧，其实真相是……韦陆是个单亲家庭的孩子。

2

韦陆的父母在生下韦陆几年后便因为财产分配不均等种种原因决定分居，他们合资开办的星座进出口贸易代理公司的股份分给了韦陆的父亲57%，而分给了韦陆的母亲32%，其余股份由银河系中的各投资商控股。另外，一样特殊的东西也分给了韦陆的父亲。准确地来说，不是一样东西，是人。

这是后话。

难以置信的是，韦陆有一天放学回家，点开邮箱时，瞥到了一封陌生的电子信寂静地躺在邮箱中。落款是爸爸。

他带着惊喜的心情打开了这封信。信中，他的爸爸讲到自己非常想念原来的生活，也想念韦陆。

韦陆：

　　当时是我和你妈决定错了。现在你很孤独，对吗？我也一样。我现在特别想你抽空到南门二来看我。我可是非常想你和你妈的。

你的爸爸，韦渊。

他动心了。以前自己一直渴望能与其他孩子一样感受到亲情，可大多数时候他只是咬咬牙，并没有继续再往下想。毕竟做出一个决定对他来说是如此的困难。他从书桌旁站起身来，把信纸揣进了衣兜里，不知是手上的汗还是不知不觉落下的泪水，电子信的可任意折叠屏幕被浸湿了。但韦陆刚站起来便又径直地坐了下去，两手捂着两只碧绿的双眼哭了起来，那绿色的泪水如涌泉般永无穷尽地流着，仿佛，要哭尽他一生的泪水。

3

在月台等待的时间固然是无聊至极的。他看到对面反向的月台上有卖电子报纸和小吃的小贩，可他克制住了买它们的欲望。百无聊赖中，他打开了挂在他手上的手环。这种手环的屏幕是用一种最近研发出的特殊的韧性材料做成的，特别薄，而且价格不菲。整个

屏幕都可以任意用手拉大或缩小。他向下滑动了一下屏幕，随后便
划出了书写电子信的页面。

他沉思了良久，用脑电波在手环上记录下了这样一段文字：

爸：

　　我已坐上前往前往南门二的列车，大概昨天就能到了（别
忘了超光速带来的后果）。希望您能来接我。

　　不胜感激。

接着，他点击了发送键。他知道点击这个按钮意味着什么：韦
渊会来接他，劝他在南门二生活……韦陆默默地摇了摇头，便瞥向
那虚空缥缈的轨道。

不远处，列车闪灯鸣笛，缓缓驶进月台。在它稳稳停住的下一
刻，韦陆的脚便已踏上了车厢。

随后，列车又缓缓启动，在黑幕中驶离了通红巨大的心宿二。
列车从大气层出发，慢慢驶向无边无垠的真空。

4

诡异的红巨星发出的光芒照射着车身，仿佛全宇宙的神秘与奇
异都聚集在了这微微生锈的车皮上。那氧化的痕迹印证了它生产以
来从未停止运营的事实，可能一切艳丽的色彩放在这车上都会变为
尘埃一般吧。

一位非常著名的宇宙旅行家大胡子，曾经说过这样一句话：
"通勤列车恐怕是宇宙交通里最枯燥乏味的运输工具了，破旧得像

是用死人的指甲做出来的一般。"

如他所言，韦陆上车后不久，便已陶醉在梦境中。

梦中，他梦到他的妹妹韦璐躲在了一棵树后，正跟他捉迷藏呢。一会儿，他又发现自己身处在一件小巧的两居室中，妹妹正躲在明黄色的窗帘后，捂着嘴偷偷笑呢。

韦璐说是韦陆的妹妹，其实也只比韦陆晚生了七个地球时，因此她小时候经常娇气地抱怨这不公平。可是，随着他们年纪的增长，他们俩之间逐渐产生了隔阂，一是因为他们的学习成绩差异非常大，韦璐除了脑电波课程的分数不如韦陆外，其余的科目分数都比韦陆高。韦璐对文字课特别感兴趣，尤其是那"将来完成时态"，其他人都觉得烦琐至极，比如什么"你将会（已经）看到宇宙终结。"等错乱的话，而韦璐却认为非常有趣。

有一次，韦陆正在一条河的一岸与伙伴玩耍，而韦璐在另一岸浣纱，那纤细的手如同细丝一般，在浑浊的河中轻柔地搅揉着衣服，让人看到了不禁心生怜悯，心想着这么一双漂亮的手就这样被玷污了。正当韦陆想去帮助她时，韦璐却一把推开了他，嘴里还粗鲁地说道："你滚开！"就这样，他被推入了河中，后果不想而知。这导致他俩的关系变得恶劣起来。

二是因为韦璐开始讨厌起她的母亲欧阳青来。她对欧阳青的唠叨啰唆表示厌倦，甚至有几次还对妈妈发起火来。韦璐认为自己的爸爸既不威严，也不溺爱她。

而韦陆则不然，恰巧相反，韦陆更喜欢妈妈一些。于是，在父母决定分居之际，韦璐淡定地选择随着父亲走，韦陆则留在了母亲身边。

再见其实对他来说只是一个幌子，他最终还是掩盖不住对妹妹的思念，毕竟是有血缘之情的。他还是没有忍住，明知妹妹的电子信箱已经停用了，还是给她发了一封信，也就顺理成章地，久久没收到回信。

5

韦陆的嘴巴酷似无底的黑洞，丑陋地张着。他知道，韦璐曾有一次去天鹅座，说是去参观一个什么艺术展，可列车上座无虚席，她只好"金鸡独立"了许久，才有人肯给她让座，而且还是因为那人刚好要下车了。

可是就在这时，一位穿尖细跟高跟鞋的女士碾痛了韦陆的脚，好梦被拦腰截断。女士极力给他道歉，却没有发出一点声音，看来这是一种以甲烷为主要呼吸气体的生物。真空是无法传声的。韦陆愤怒地看着那个女士，却也不以为意，不了了之了。

那个女士很快消失在车厢尽头通往另一车厢的连廊处，而这时真正的诡异才初露端倪：全车的人都似乎陷入了熟睡中。

他立刻紧张了起来。

他跑向车头，也就是控制室所在的地方，发现控制室的门上有一扇窗户。他贴过去看了看，除了嘴中呼出的热气在金刚玻璃上结成了一层薄雾以外，他看不见里面的任何东西。

事情到了这个地步，他的心跳逐渐加快，然后激醒了还在睡眠模式中的手环——此时的手还显示着："无任何中子星或脉冲星信号，找寻不到亚以太网络"的字样。他踉跄地跑到车门处，趴在上面，却发现外面漆黑无比。

夜晚是上帝多么好的发明啊！在那段时间里，时间延缓了进度，并且能忘掉许多的苦恼。

而就是在这无比美好又恐怖的夜晚中，一个身影出现在了几百万光年外一个荒僻的地铁站里。

6

列车终于开始减速了。平时五六分钟就能到站的通勤列车竟然花了二三十分钟才到站。前方出现了一条若隐若现的铁轨，列车不再东飘西荡，稳当地行驶于其上。很快，韦陆看到了月台。

他再次激活了手环，手环仍然是处于无信号的状态，可是面板上却出现了一条令韦陆意想不到的文字："现在是二十四点整。终点站，未知车站。"

他前一刻还正在犹豫自己该不该下车，可是转瞬他又想，万一这列车接下来又要带我去一个未知的地方怎么办？这个"新月车站"就够神秘了，因为它不在线路表中啊。不会是列车串轨了吧？

他的思想做了良久的斗争，然后只见他轻触屏幕，调出了手环中的离线四维地图，发现自己正处于一个未知的地方，不知道是什么原因，将地图放大之后竟显示出了一堆乱码……

他唤醒了手环中的智能AI小秘书。小秘书闻声说道："嗨！我的任务就是让你开心开心再开——"

"别废话了！快帮我查查我在哪里？"韦陆甚是气恼。

"抱歉，无法定位。顺便说一句：你知道吗？大多数人的生活是被别人写的故事情节控制的，轨迹完全吻合。"

韦陆痛苦的表情从一张脸上转移到了全身。他的胃开始剧烈痉挛。

可是当韦陆关掉小秘书、把地图缩小到银河系的尺度时，他可以清楚地看见自己红色的坐标位于银河系一旋臂的边缘，再经过仔细辨认，他判断出这里就是寸草不生的猎户臂。

他很快跑出了车厢，通过真空隔离舱和屏蔽门，走出了车厢，却没有留意到自己的身后留下了一串血红的脚印。

他一步一步地朝着出口方向的楼梯行走。

看样子，这个出口是位于负一楼和一楼之间的夹层（M），因为这里狭隘无比，他感到一种压迫感，气都喘不过来，这种感觉就如同只容蚂蚁通过的罅隙，大小之于螳螂。

他咽了口口水，喉结随之向上一动，他立刻便感觉好多了。他轻抚着跳动不止的胸口，抬起头环视了一圈。他立马就发现这里处处都很古怪：无人的售票亭，早已披上灰尘的自动售票机，结上了蜘蛛网的指示牌……这些设施都与普通的通勤线经停站大同小异，可这小站像是被岁月尘封了几个世纪般，原有的生气，全都消失殆尽，不复存在。

他顺着勉强还能看到的通往出口的指示牌方向跑去，却看到了早已停用、被尘埃吞没的自动检票闸口……

随着事情变得越来越扑朔迷离，韦陆的运动贴身T恤变得越来越湿。对于一个十七岁的青年来说，他的思维还不够缜密，无法应对这样的突发事件。可是在这时做出一个抉择，就如同要一个人独自越过险峻的沟壑般困难。

他最终还是选择跨过了检票口。在检票口的对面，整齐而又呆板地排列着一排整整齐齐的自动售货机。他想到了自动售货机上可能会有关于他所处位置的信息。

他轻轻用袖口抹去了其中一台上面的灰尘，确实露出了一张信息卡！不过上面地址和电话两栏的相关信息竟然是空白的！

他朝着出口继续走去。令他惊讶的是，天花板上竟然吊着两三根摇摇欲坠、一闪一闪的LED灯管！这在心宿二的世界里，已是二十世纪前被淘汰的产物，这里竟然还在使用！这是多么落后的文明啊……

他向楼梯的高端爬去，这无比狭隘的楼道令他很不舒服。他拾级而上，那一级一级的阶梯似乎永无止境般，一直延伸到就在马上要望到他久违的宇宙夜景的那一刻，一片炽白的光刺痛了他的双眼。

第二章

1

格林尼治标准时间（GMT），公元2019年10月3日

郑时杰的尼桑风度轿车该加油了，而他自己也正想找个地方小解。眼前的好风景一望无际，烟雾缭绕，简直是世外桃源的模样，不愧是闻名遐迩的赏叶胜地。这时晓色熹微，他时不时走高速，时不时又走国道，路旁整齐划一的反光防护栏非常容易让人产生视觉疲劳，可他的精神依然无比充沛。

他看到前方有个匝道入口，便闪着右转弯灯，进入了壳牌加油站。他停下来，摇下车窗，询问工作人员："这里离香山还有多远？"

那加油的工作人员一看是外地车牌，也就不足为奇了，说：

"快了，再开一会儿就到了吧。"

郑时杰是一看就是那种很精干的男人，27岁，身高简直适合去打篮球，浑身上下都充满着一种精干男人的气质。他的眼睛极大，眉毛浓密。到了周末，在石家庄上班的他会去城外的郊野逛逛，而这次的国庆黄金周，他选择去了离石家庄比较近的北京香山，观赏香山红叶……一想到这里，他就感觉自己精力十足。

他目前的职业是文学评论家兼作家。他出版过几本长篇小说和散文集，是中国文坛的新晋文才。

他也是个铁道迷和飞机迷，他自己在大学时考了飞行执照，平时也有事没事就会去机场附近转转，感受引擎的轰鸣声；或者蹲在火车站附近，静静地等待着一辆辆绿皮列车从前方的铁轨上驶过。

他之前只来过北京三趟，两次为公务，一次是看望昔时同窗。他可是复旦大学中文系毕业的硕士生，与之交往的人都不是泛泛之辈。他平时沉默寡言，可只要说起他感兴趣的事，他马上就会提起劲来。

他这次来北京，还想顺便去首都机场拍拍飞机，看着一架一架的巨无霸从他头上飞过，缓缓在跑道上降落；他也盼望着发动机的轰鸣，一架彩绘飞机提轮，呼啸着飞向无边无垠的蓝天……

渐渐地、渐渐地，香山，到了。

2

韦陆还在徘徊着，突然，他听到了列车减速时的呼啸声！不，与其说是呼啸声，不如说是什么东西的刹车声！之后，还有一阵银铃般的笑声……那是韦璐亲切的笑声！他的头开始剧烈疼痛起来，他蹲下身子，使劲捂着自己的头……

不久，韦陆站起来，回头一看，除了那阴森荒废的地铁入口，没有任何事物出现。他无法知道自己身处在哪里，曾经用手环中内置的中微子信号呼叫过泛银河系紧急报警的热线，报出了依稀可辨认的中文站名，可对方用搜索引擎在全宇宙范围内搜索后，却以为他在开玩笑。

月亮正在以肉眼可见的速度升高。

这晚是上弦月。

而此时此刻，郑时杰正在地下沿着一条不知从哪里窜出的铁轨疾驰。在香山停留了片刻，他就发现了一条快生锈的铁轨。他早就听说过，有一条轨道交通线路的真正终点站是早已废弃的香山站，却并不知道是哪一条。

一开始，他以为一定是郊外的一条废弃的通勤铁路，可驾车沿铁轨往东行驶了将近七八百米后，铁轨开始下沉。这一定是一条地铁！奇异的是，地下竟然还亮着灯！

这不会是什么人防工程吧？！郑时杰的第一反应是这样的。可走着走着，他突然有点畏惧了……

正当他准备驾车原路返回时，前方出现了一盏通红的信号灯！

在这狭隘的隧道中行驶，郑时杰无时无刻不感受到一种压抑感。看到了这盏红灯，他心中一下子踏实了许多。

果然，不远处，有一个分岛式站台！和北京地铁一号线的所谓的"终点站"苹果园站、古城站等站台的布局一模一样！这条铁轨是地铁的猜想终于被证实了！

郑时杰还有些胆怯，谨慎地踩了刹车，慢慢地，车在月台前停了下来。他先是拿出了手机，呢喃着："我这是在哪里？我这是在哪里？谁知道……"可手机却显示"无信号"！是什么地方才可能没有信号呢？

这时，锁屏上变化万千的文字图案显示出一行字："你知道吗？大多数人的生活是被别人写的故事情节控制的，轨迹完全吻合。"

看完这句话之后，他已经听天由命了。

他知道，自己此刻正处在北京轨道交通地铁一号线于公元1965年规划的预留线路中。从那楼梯上生锈的绿漆栏杆和那几盏一闪一闪的照明灯，他就知道了一切……

就在他的脚刚踩到地面的那一刻，他绝望地看到了一行血色的脚印，从他所站的位置，延伸到上楼的楼梯前……

3

郑时杰大惑不解地望着似乎上一刻都还有人的治安岗亭，里面桌子上放的一杯功夫茶都还在冒着热气，生了锈的风扇还在慢悠悠地转着。走近看，木桌上还摆放着"外来人员登记表"。

看来自己真的是来了不该来的地方。

这些迹象都表明一个保安刚刚才离开这里。循着保安皮鞋的脚

印望去，到了无法通行的闸口前，又与刚刚在月台上发现的血色脚印交合在了一起。

他现在只有两个选择：一是跨过检票口，从楼梯处到地上去；二是返回到月台，驾车返回。他思考着。

在这潮湿的地下一层，他想象着上世纪这里摩肩接踵、人山人海的样子，又与如今这衰败的模样做了对比。

他又看到不远处落满灰尘的自动售货、售票机，在刚修成的时候，这些玩意儿肯定都对老百姓来说很新奇，可现在几乎一点用也没有了。

他想，还是到地上去吧。光在这里逛逛，还满足不了他的好奇心。这时，从不远处射来了手电的光，并伴随着渐强的脚步声一晃一晃。糟糕，肯定是保安换岗了！

不容他细想，他的腿就拉着他的上身往楼梯处跑。随后，他背过身来，紧贴楼梯壁，胸口起伏着，还在喘着粗气。果然，一个哨兵拿着手电从另一个方向走了过来，巡视了一圈又走了回去。他松了口气。现在，他只要爬上这楼梯，就可以看到他久违的天空了。他现在只想美美地睡一觉。

他在爬的过程中向上一瞥，望到了美丽的星空，银河若隐若现，繁星闪烁，无比美妙。他脑袋里忽然飘过一句话：

"夜晚是上帝多么好的发明啊！在那段时间里，时间延缓了进度，并且能忘掉许多的苦恼。"

在生命面前，郑时杰只不过是一个微不足道的人类罢了；宇宙中还有那么多的高级文明。

而在上帝面前，即使再坚强的人也会屈下头。

也许，接下来的一幕，是上帝特意安排的：两个来自不同世界的男人，在明月下相遇了。

4

五分钟后，郑时杰的车内。

"你——你到底是谁？你有什么东西能证明自己的身份？"郑时杰惊恐地问。

韦陆虽然表情轻松，可他的脸上还是渗出了许多微小的汗珠。他镇定地问："你知道这是哪里吗？"

这句话可以表达两个意思：一个是对郑时杰的谴责，他到了不该来的地方；另一个是他自己不知道这是哪里，询问郑时杰。

韦陆显然是第二层意思，而郑时杰却把这句话理解成了第一个意思。

"这里是……荒废的地铁站啊。这里不能进入吗？"郑时杰擦了擦汗。

韦陆苦笑："我也不知道这里是哪儿啊……我本来是从心宿二出发到南门二的，谁知道却来到了这样一个鬼地方……对了，你是哪个文明的人？"

郑时杰听到"心宿二"、"南门二"、"哪个文明"这些词，脸上的表情瞬间扭曲了。这时，他通过地下微弱的光亮发现对方还有着两颗碧绿的瞳孔！那瞳孔还闪现着一丝稚气未脱、不成熟的气质。他下意识地把身体往后挪了挪，"你……你不是人类？"

韦陆也吓得不轻。

"人——人类？那这里是——"

"地球！"郑时杰出于本能地说，"你知道地球吗？"

韦陆摇了摇头，他惨白的脸映着隧道远端不知从哪儿投来的幽幽蓝光，显得格外惊悚。郑时杰心里直发虚。

"那，你知道半人马座吗？"郑时杰把他上初中时所有了解到的天文知识都搜刮了一番，嗫嚅着说。

"半人马座！这我知道，"韦陆困惑地说，"可是，它和这颗行星有什么关系吗？"

这下轮到郑时杰苦笑了。"当然有关系。它是除了我们星系的恒星外，离我们最近的一颗恒星，大概相距……"

"你们这儿有到那里的车吗？我是说，星际列车，通勤、直达都可以。"韦陆直接打断了他的话。

"你居住在哪里？你是什么文明的人？你叫什么名字？你还能说中文？"郑时杰几乎要给韦陆跪下来了：现在是公元2019年，人类这个文明却连星际旅行的技术的10%都没掌握！这种崇拜也是理所当然的。

韦陆似乎找到了一丝安全感，只是淡淡一笑，却答非所问："你先带我出去吧。"

5

郑时杰将车停在了苹果园地铁站附近的一个停车场。他和韦陆走下了车。

又是一场及时雨，把秋日的大街小巷湿润了一番。雨滴从刚刚，也就是半夜三点停止滴落，街上一副冷清的模样，营业时间长的店铺也都打烊了，只有街角一家7-11散发着柔弱的光亮。

　　"韦陆，你——你是——哦不——梅林的胡子啊！你能说中文，原来是能知道我的语言中枢发出的信号！你——"他趴在韦陆的肩上，边走边说着。

　　"——而且是通过脑电波。这也有局限性，你不认识的字，我自然也不认识。但是我能理解那些字的意思。还有，这地方，可真偏僻。"韦陆打断了郑时杰的话。听完郑时杰在"百度百科"上搜索的太阳系在宇宙中的方位后，韦陆抬起手看了看他的手环，发现"无信号"的字样似乎像白色油漆般凝固在了黑色的背景屏幕上，一动不动。

　　"这……这手环真酷。"郑时杰满脸堆笑，韦陆辨别不出他是真心的，还是虚伪的。郑时杰打了个哈欠。

　　街上弥漫着一股信纳水的味道，他们捂着鼻子，径直穿过了一片建筑工地，然后进入了一家看起来不错的四星酒店。

　　现在已经过了凌晨三点。

　　郑时杰揉了揉惺忪的睡眼，然后对前台的女招待说："要一间安静一点的标间。"然后又补了一句："价格无所谓。"

　　女招待对这种人已见惯了，便温柔地说："抱歉先生，我们的标间已经没有安静的了，这里有靠马路的一间，不过也不会太吵。请问可以吗？"

　　"没问题。"郑时杰说。

　　女招待继续用温柔的声音说道："那烦请二位先生出示一下你们的有效证件。"

　　韦陆愣住了。"是两个人都需要吗？可不可以只出示一个人的？"他迷茫地看着郑时杰，而郑时杰显然忘了这一点。

　　"抱歉先生，这恐怕不行。"女招待可能知道了他没有证件。

　　这时，有人给郑时杰打了个电话。从他衣兜里传来了一阵Goat Chill的旋律。这是一段简短的纯音乐，节奏感非常强。这年头许多人都爱把新潮的动感音乐设为铃声。

　　韦陆这时正在为难。他盯着自己的手环发着呆，手环上竟然又显示出了"信号正常"的字样。二十秒后，郑时杰打完了电话，转过来对他说："看来我们得连夜回石家庄了……我刚刚接到了领导的电话，明天上午我还得赶回去上班呢……"看到韦陆不明白的样子，郑时杰生涩地对来自另一个世界的人笑着说："噢，忘记告诉你了，石家庄是另一座城市，也是我工作和居住的城市。我们现在就走吧。"

　　郑时杰还需要一点时间来接受这个现实：来自心宿二的男人在他的身边，而自己正要带他回家。

　　接下来的24个小时内，地球上发生了许多事情。不过，郑时杰还没有完全适应过来与异星人交往，这个叫韦陆的人，早已离他而去。

第三章

1

　　格林尼治标准时间（GMT），公元2019年10月4日。

　　韦陆正惬意地躺坐在舒适宽松的真皮沙发上，望着液晶显示屏上的人类跳着可笑的舞蹈。这至少在他眼中看来是荒诞可笑的。同

时他又有一些哀愁，毕竟他已离开母亲和朋友这么多天了。韦渊、
欧阳青、韦璐……

他之前在郑时杰的尼桑轿车上浅睡了一会儿，现在精力非常充
沛。他环顾了一下郑时杰这套一百多平方米的屋子：进门的左手边
是宽敞的起居室，茶几上随意摆放着几个时令鲜果；餐桌布置在当
初购房时赠送的露天阳台上，阳台上甚至还有一个小吧台，别具一
番风格；起居室向右是一条走廊，走廊深处是铺上了华丽瓷砖的盥
洗室，两边各有一间卧室，左边这间是郑时杰的欧式风格卧室，而
右边那一间之前被郑时杰当书房用，而现在则让韦陆居住了。

他们肯定都知道"纸是包不住火的"，谁知道万一哪天，郑时
杰收留韦陆这个秘密被人发现了呢？想到这里，韦陆不禁打了个寒
战。他把电视关了，碧绿的眼睛凝望着电视旁摆放的一个相框，相
框内是一张郑时杰读大三时的那个暑假和朋友一起驾驶着轻型飞机
在南沙群岛上空遨游的照片。这照片还没有泛黄，显然是郑时杰从
单身宿舍搬到现在的家中后才洗的。照片上的郑时杰那时还是个阳
光大男孩。

韦陆想着：人类的生活情趣还挺高的，有事没事还会开着"飞
机"去外面闲逛。但不久，他的视线落到了电视柜上一个蓝色的小
本子上，像是什么证书。他起身去看，原来是郑时杰的通用飞机飞
行执照。

哦，他想起来了，郑时杰在从北京回石家庄的路上给他讲过自
己上大学时去租过一架西门诺尔，他驾驶着这架西门诺尔和自己最
好的朋友蒋峰去过中国的最南端，这种机型是最受欢迎的轻型旅行

飞机。他和蒋峰还驾驶过这架飞机去参加了美国的FAA举办的飞来者大会。蒋峰是一个追求自由生活的人，行踪不定，也是作家和旅行家。自从那次飞来者大会后，他俩就几乎再没有联系过。

郑时杰上班前给了韦陆几本书，是关于地球以及世界现况的。他说这些能帮助韦陆更快融入这个社会，想让他尽快读完。可韦陆非常着急，他只是快速地翻看了一遍，记住了一些地区的名称。

他现在全心全意地在想怎样才能尽快回到自己熟悉的人身边。

可偏偏在这时，他的心中涌起了一股前所未有的心情，来势汹涌澎湃不可阻挡，他自己竟一时也无法解释是什么鬼使神差促使他有了这种难以置信的想法。

他分辨不清：这是一种报复，还是自己寻亲的一种渴望？现在寻亲是多半达不到的。这里离南门二还有许多光年。突然，他脑海中迷迷糊糊地映现出一幅画，画面中自己正戴着手铐和脚镣，坐在一口深井的井底，仰望天空可时以望到自己的父母和妹妹，可是看上去近在咫尺，却遥不可及。

他也不想背叛这几个小时来一直把他当朋友来对待的郑时杰。可是，他即使能驾驶这种叫作"飞机"的玩意儿，他能飞出地球吗？他立马激活了手环，在手环中搜索出了"飞机"的词条，结果

令他大失所望。

　　这不就是他的现状吗？这里，如果没有超光速的交通工具，韦璐再甜的笑容也是一片虚无。他搞不好永远都无法爬出这口深井，只能与冰冷的手铐相伴一生……

　　尽管如此，他的脸上还是露出了笑容。他的嘴角不由自主地微微上扬，拿起那蓝色的执照，把它装入了自己的裤兜中，然后又从茶几上拿起了一瓶矿泉水，离开了房间。可是当他临走前，回头看了一眼那张印着郑时杰驾驶飞机时灿烂笑容的照片时，那笑容渐渐从韦陆的脸上消失了。他踏出了门槛，叹了一口气。

　　2

　　在机场享用完一顿精美绝伦的日式午餐后（日本料理是韦陆唯一能够接受的这个世界的餐食），韦陆怀揣着郑时杰给他的一张信用卡副卡，走向不远处的安检。当时韦陆还不解地问他："我有一张星际支付的比特卡呀，为什么你还要给我一张？"郑时杰笑笑，没有回答。如今，他知道这张卡有多么重要了。

　　他刚刚用这张信用卡支付了午餐费用。副卡消费从主卡上扣款，而主卡是郑时杰的。郑时杰此刻正在开会，他的手机收到了一条银行发来的扣款短信，由于手机调成了静音模式，他没有察觉任何异常。

　　他是搭乘地铁去机场的。时间在这狭小、混杂着各种气味的车厢中竟过得如此漫长。唯一一样使他感到新奇的事物是这个世界人的装扮。幸好韦陆当时在郑时杰给自己他的衣服让他穿上时没有说出任何出格的话。人们穿着大胆前卫的衣服，而这种衣服，韦陆记得他所在世界的服装史上甚至都是没有出现过的。即使出现过，也早就被淘汰了。

"郑先生，您租借的西门诺尔已经加好了油，目前正停放在停机坪上。租借的费用已自动从您的信用卡上扣除。请这边走。"一位机场工作人员领着韦陆，到了停机坪。

韦陆把郑时杰的照片替换成了自己的照片，其他人当然看不出来。

这些通用飞机都安装有综合航电系统，要驾驶它可比操作烦琐的太空车简单多了。韦陆想着原来自己母亲驾驶太空车的样子，试图想发动这架西门诺尔。果然，这是西门诺尔最新的型号，采用触摸式操作，代替了原来的推杆。启动发动机只需轻轻触摸屏幕上的选项即可。这倒和太空车的技术差不多。

耳麦里传来了空管的声音："Skyhawk（天鹰）181，滑行至跑道头。"

真正的郑时杰跌跌撞撞地跑入航站楼。

韦陆闭上了眼睛，等着飞机滑向那3400m的通往蓝天白云的阶梯。他最后望了一眼背后的风景，然而望到的只有一大片灰白的沥青和钢筋混凝土。

郑时杰带着一脸的诧异和惊讶从航站楼跑了过来。他没有想到，韦陆竟然会这样做。他一瞬间甚至有些怀疑韦陆是不是人类。

"Skyhawk 181，允许起飞。"

紧接着，螺旋桨转动了起来，然后是滑跑、起飞、迎着正午的阳光，升空，留给站在跑道头、被几名蜂拥而上的工作人员拦着的郑时杰一片失落和惆怅……然后，他像是突然开窍了一样，立即不顾阻拦跑回了航站楼，嘴里喃喃地说着："也许……还来得及……来得及……"

3

数小时后，东太平洋救护中心，夏威夷檀香山。

"你怎么这么傻？飞机没有油了都不知道迫降。"这是韦陆醒来后听到的第一句话。他一开始还以为是郑时杰在说话，因为这是"中文"，也就是郑时杰所在的国家所使用的语言。可微微睁开眼睛，他看到一个穿着白得刺眼的卫衣的年轻男子正坐在他的病床旁，双手揣在衣兜中，见他微微挪动了一下，于是说道。

"我……我没事。谢谢你，"韦陆费力地从牙缝里挤出几个字，"对了，你是在哪里找到我的？我的意思是，飞机的……残骸在哪个地方？"

他知道，飞机已经"发生事故"了，生僻点说，就是坠毁了。他还生怕自己已经透露了身份，于是才这样问。在说"残骸"两字时，他顿了一顿，这是因为这个词在他文明的语言中很少提及。

"呵呵，幸亏飞机没有坠落到海里，我观察到它时，它正在以滑翔的姿态缓缓下降，然后撞到了希洛岛上的一幢农舍。然后我们就把你送到这里来了。你当时离希洛机场只差一英里远了。"

韦陆回忆起来了："希洛"好像是东太平洋的一个地名，这在郑时杰给他的一本书中好像有提到。

可紧接着，那白衣男子又问道："对……对了，你的眼——眼——"他支吾着说不出来了。

"眼睛是吗？它是绿色的。怎么了？"韦陆故作镇静地说道。

"没，没什么。"

"那就让我稍稍清静一会儿吧。"

白衣男子迟疑了一下，最后还是从那把与病房简洁雅致的白色风格格格不入的哑光印花扶手椅上站了起来，转身离开了病房。

韦陆的意识这时完全清醒过来了。他看到自己的腿上打着一种叫作"石膏"的玩意，这是那个白衣男子告诉他的。他的手上还到处绑着绷带。从远处看上去，韦陆活像一具木乃伊毫无生气地躺在病床上。

十分钟后，白衣男子又进来了，手上拿着一沓洁白的复印纸和一盒磁带，脸上挂着一丝令人猜不透的笑容，活像在超市中卖除垢剂的推销员。还没等他说话，韦陆就先问道：

"对了：你怎么知道我说的是中文？"

"这很简单。你之前在神志不清时，可能是睡觉，在那儿迷迷糊糊地梦呓了几句，我能听出来是中文。我也是中国人。我还知道了一个惊人的消息——"他神秘地晃了晃手中的那盒磁带，制造情景剧的效果。然而韦陆只是狐疑地盯着他看，"——你竟然是郑时杰的朋友！朋友的朋友，就是我的朋友。幸会，幸会！"

韦陆对这突如其来的消息冲昏了头脑。他无力地跌坐在病床上。

"我——我都说了些什么？"他惊恐地朝白衣男子的手望了望，好像这个问题的答案刻在他手上一样。

"我把你的声音用磁带记录了下来。从磁带里，我能辨别出来的微弱叫声是'郑时杰'，好像还说了其他几句话，但是我辨别不出来。我就是这样知道你是他朋友的。好啊，这郑时杰都几年没和我联系了，这次他朋友出事，我看他还来不来找不找我！"

"你又叫什么名字？"

"我吗？我叫蒋峰。相信你已经听说过我的名字了。"

原来他就是蒋峰，郑时杰的好朋友，作家和旅行家！

韦陆还是没能摆脱郑时杰这个人。郑时杰这个人第一次让他感到这广阔的世界是如此的渺小。他再一次昏睡了过去。

4

几个小时后，韦陆坐在了蒋峰的凯迪拉克上。

"现在我们去哪儿？"

"我家。"

他身上白色的绷带早已在几次检查后取了下来。隔着窗户，韦陆无法感受到夏威夷阳光的温暖，却感觉被人一下子推进了冰窟：这会不会是郑时杰布置的连环陷阱？这里会不会不叫地球，就是韦渊所在的南门二？……许多个"会不会"的问题萦绕在韦陆的大脑中，他感到自己的脑电波极度崩溃，完全不够用了。也许自己真的不该想这么多的。

他又望向窗外。蒋峰正行驶在一条海滨高速公路上，道路的右侧是金黄的沙滩。虽然现在是秋季，可许多赤身裸体的人们还在海里尽情地嬉戏着。男人们在沙滩上尽情地玩着沙滩排球，而女人们或是随着潮涨潮落而一惊一乍，或是在沙滩伞下惬意地躺着，喝着冰镇姜汁汽水。

他不禁回想起自己的家乡来。自己在心宿二生活了整整十七年，却是个不善于观察周边事物的人，连自己常去的自助理发店换了一家都没有察觉。他居住在那个街区整整十年，旧的人搬走了，新的人又搬来。

说到这里，就不得不提另外一个人了：韦陆的妈妈欧阳青。在生下他和韦璐之前，她曾经是街区无线电视台的副台长，兼任节目策划人、导演、编剧、主持人、演员等诸多职务，在街区有不少订户。后来在一次在郊外拍摄节目的过程中，欧阳青邂逅了自己的丈夫，韦渊。韦渊靠跑腿养家糊口。虽然双方都不是非常有钱的人，可是欧阳青对他一见钟情，韦渊对她也是真爱。

后来随着心宿二受到外银河区政府的庇护，心宿二的居民享受着各种政府提供的优惠，生活也逐渐富裕了起来，科技也是飞速发展。一幢幢摩天大楼代替了低矮的平房，欧阳青带着全家搬进了安置房，电视台也随之倒闭。于是看着做进出口贸易的生意吃香这苗头，就转身和丈夫做起了生意。

有一年，心宿二爆发财政危机，全球的股票暴跌，许多处于鼎盛期的公司因此而破产。在硬撑一段日子后，韦渊的公司开始了资产重组。等风声过了之后，欧阳青这才发现家庭已是一片混乱：与自己有矛盾的女儿、家中财产分配不均……她是个高傲的女人，于是毫不客气地让韦璐和韦渊离开这个家。

韦陆还在郑时杰的家中时，就尝试着给肯定等得焦头烂额的父亲发送电子信，可是当弹出令人振奋的"正在发送，马上就发送出去啦"的页面十秒后，总是会弹出调试亚以太网络的窗口，然后显示客气而冰冷的文字："对不起，发送失败，请您重试。"这句话犹如一堆嘲讽，如果这家通信商的老板现在站在这里，韦陆真想往他的身上啐一口唾沫。

韦陆的思绪有点扯远了，现在，这确实无关紧要，可是，就是现在，他开始想念那个叫做家的温馨之地了。

5

蒋峰在一个被热带植物簇拥的环形立交处拐下了高速。韦陆不认识绿色路牌上白色的点点字符，就是那种叫"英文"的语言，因为他身边没有以英文为母语的人，不然他可以说得和美国人一样流利。他只知道，这地方实在太偏僻。

这辆朱红色的镀铬钢凯迪拉克正行驶在通往火奴鲁鲁内部的国道上，这地方，按蒋峰的话来说，真是"鸟不拉屎"的地方。路边没有人行道，没有过往的车辆，路旁是生长着野草的荒芜草原，渺无人烟，似乎连蚊子都没来过这里。可行驶了三四公里后，公路右侧出现了一栋跟这辆1965年产的凯迪拉克一样的朱红色的建筑。

蒋峰开始减速靠边。虽然路上一辆车都没有，但他还是郑重其事地打起了转向灯。车子在电话亭旁稳稳地刹住了车。

蒋峰对坐在后排的韦陆打了个响指，让低沉着头、要睡着的的

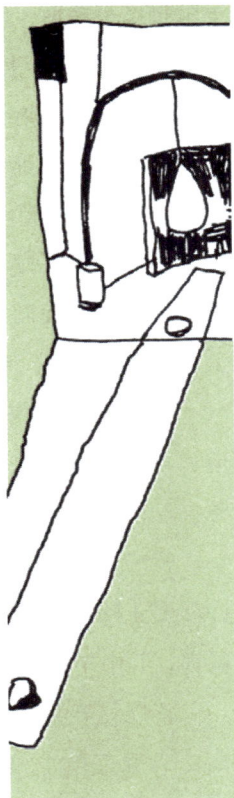

韦陆打了个激灵。他忙问道："怎么了？出什么事了？"

他打开了车门，说："你在车上等着我，我去去就来。"说着便跨出了车门，朝那栋建筑的方向小跑而去。

韦陆眯起他那双绿色的眼睛望向那不远处的朱红色。原来那是一家汽车餐厅。蒋峰是去搬开汽车通行道入口摆放的锥桩的。

蒋峰坐上了车子，随着引擎的轰鸣声，汽车驶进了入口，拐了个弯之后，迎面而来的是菜单的投影图像。蒋峰将车开到了泊车位上，拉开了车窗，对着一个挂满灰尘的麦克风清了清嗓子。

回答系统很快被激活了。一个中年女性用清新欢快的口吻说道："欢迎光临鲍勃＆比利的汽车餐厅。请问有什么可以为您服务？"不可思议的是，这段话竟然是中文。

蒋峰又清了清嗓子。这次比刚才那次更大声、更响亮。"您也许需要止咳药水。我们可以为您提供。如您有需要，请在蜂鸣声后留言。"中年女性在扬声器中说。然后是清脆的蜂鸣声。

蒋峰哭笑不得。他说："我是说，请来一份42号套餐。"

"可菜单上没有42号套餐啊！"毫不知情的韦陆问道。他以为接下来蒋峰会塞给他一大堆油炸食物。可蒋峰只是对他说："嘘。"

在寂静中，韦陆只能听到自己的心跳声。

扬声器里传来了一阵电铃声，然后变成了一个低沉的男声："欢迎回到世界旅行作家协会夏威夷分会总部。请报出您的姓名及详细来办事宜。"

蒋峰再次清了清嗓子。看来他是真的嗓子不舒服。他说道：

"呃，我叫蒋峰，常驻作家；还有这孩子——"他转过头去，问："你叫什么名字？"

"韦陆。"

"——对，韦陆。我的客人。"蒋峰对着麦克风说。

"您二位的详细口述信息已储存到本终端，将作为二位身份的确认凭证。好了，先生们，祝你们在这里度过一段欢乐时光。"那男声说完便陷入了沉默。

第四章

1

已知的独立宇宙时间线，时间流速被设定为与地球时间无异。

泊车位下的那块土地以韦陆意想不到的速度快速向地下坠落。

"小伙子，系好你的安全带哦！"

还没等韦陆反应过来，汽车便疾驰在了一条崭新的隧道中。超过11G的过载使韦陆感觉自己身体的内脏都错位了，韦陆整个人被一股强大且无形的推力压陷进了真皮座椅内，并凹刻出了形状。他还想问蒋峰些什么，可现在的情况却不容他多想。

就在韦陆目瞪口呆的时候，蒋峰突然把方向盘向右打到底，并踩了踩刹车，汽车又开始以正常的速度行驶在一条不知从哪里冒出来的花园小路。韦陆在刹车时差点从座位上飞出去，幸亏他早就预料到了，于是他紧紧地抓着真皮座椅。

他缓过神来，朝车窗外张望。车子正行驶在花园小径中，道路两旁还茂盛地长着热带花草，几个中年人还在悠闲地遛着狗。这可是在地底下啊！

韦陆唯一看得出的表情变化只是挑起了一侧的眉毛，因为他的整张脸都因为惊讶而扭曲了。他们现在当然是在地下，可是天空看起来完全不像是投影或者屏幕，更不是直接从地面截取图像形成的。这种技术在心宿二当然也有，可是谁才能做到如此完美呢？

紧接着，先是一道金光缓缓扑向地面，然后是两道、三道……千道金光照亮了这路面，刺得韦陆蒙住了眼睛。他不知道这是怎么回事。蒋峰回头看到韦陆正低着头捂着眼睛，一副很疲累的样子，又联想到他刚刚从医院出来，受不了这种刺激，便关心地问他："你没事吧——韦陆？"他不知道他不是人类，更不知道他的骨伤一个小时即可痊愈。

"我没事，谢谢。"

这时，一个身影出现在了车窗前，并彬彬有礼地用不太熟的中文说道："两位先生，请你们下车接受检查以及确认你们的身份信息与在地面入口时提供的信息是否一致。"

韦陆抬头一看，是一名年轻的美国海军陆战队士兵。他和蒋峰下了车，并站到战士的跟前。

韦陆极目眺望，发现自己正处于一片高地，旁边是一个雕刻着几匹骏马驮着地球的雕塑，上面还有用镀金字镌刻着"世界旅行作家协会"字样，底下还有排稍小的字"夏威夷分会"。眼前是绵延不断的山，有的险峻，有的平缓。在这些山里坐落着许多低矮但豪华的欧式洋房，远处的峡谷中还有一些异样的房屋。可再往前望，却只能望到湛蓝的天空如帷幕般与地面闭合在了一起，说明那里是这个世界的尽头，给人无限的向往。

核实完身份信息后，士兵用一个电源插座大小的探测器在他们的身上仔细地扫了一遍。

韦陆忍不住笑出了声：这种东西在他看来是多么愚蠢啊！这探测器这么大的个头，还时常出差错。幸好没人理会他的笑声。兴许是他们没注意到。

突兀的"哔哔"声从探测器的方向传出。"先生，您的手腕上有什么东西？"

韦陆马上捞起了袖子给他看。原来是拢在衣袖里的手环。"这手环真好看。它很酷。薄如蝉翼，而且非常光滑。"他好奇地看了会儿这个手环，又将它还给了韦陆。"好了，你们可以走了。祝你们今天过得愉快！"

"谢谢！"韦陆说。

他回头看了看蒋峰，只见蒋峰呆立在那里，用一种半是贪婪、半是膜拜的眼神凝视着韦陆的手腕。手腕上，一只黑色的手环正闪烁着迷人的黑色光彩。

2

时间像是长了翅膀一般，迅速地从秒针一秒一秒的嘀嗒声中飞去，不留下一缕踪迹。转眼间已是这个地下世界的黄昏时分，夕阳（尽管不是真正的太阳）投下一种奇特的美丽光线，让人联想到酷热的撒哈拉沙漠或是黄沙漫天飞舞的情景，让人身临其境，那土黄色的光芒在即将消失于这个世界尽头的山麓之前，仿佛还非常留恋这里，于是将自己忘我倾泻于这峡谷之间，留给人无限的震撼。

这颇具异域风情的小屋伫立在一条狭隘的山谷中，两旁的山都出奇的高。屋内的装饰也别具一格，感觉像是各大洲的结合体。在这个小屋度过的一个下午，韦陆和蒋峰在露台上坐在一起，听蒋峰说了许多关于这地下世界的事，却对韦陆的身份只字不提。

"你知道一个叫米什内尔的人吗？"

"不知道。我不是——"韦陆本想说"地球人"三个字的，可他赶紧捂住了嘴。

"不是什么？"

"啊，我是说，我不是个高中生吗，我怎么会知道这些深奥的知识呢？"

蒋峰起了疑心，但狐疑地望了一眼韦陆后，又继续讲了起来：

"米什内尔是马里兰大学的一名教授。他曾经提出过一个叫'米什内尔空间'的设想。这设想极其古怪，可是在现在却变成了现实。

"这就意味着，在某种意义上，'米什内尔空间'的左墙和右墙是连在一起的，就像一个圆柱体。你走到左墙，你不会撞得头破血流，而是径直穿过左墙，从右墙出现。"

韦陆从来没在心宿二听说过"米什内尔空间"。他淡淡地说："哦，原来如此。"

"这就是这个地下空间建成的原理，"蒋峰已俨然从一个作家变成了科学家，"我们

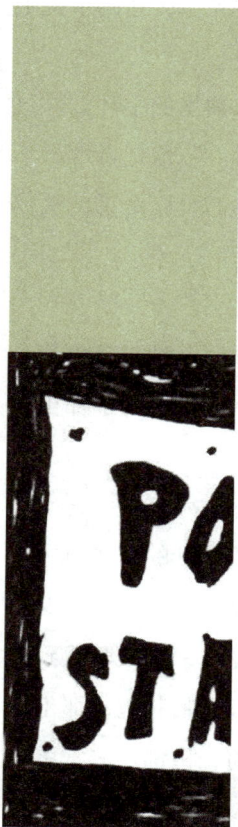

出于占地面积等的考虑，把它建在了地下。刚刚我们进来的那个隧道，是连接现实世界与米什内尔空间的通道。无论是进入空间内部还是从左壁穿梭到右壁都必须要非常大的加速度，不然仅凭高速公路上的速度，你只会径直开到隧道尽头，而不会进入其中。

"空间内部的时间也是与外界不同的，可是经过一系列研究后发现空间内的时间是可以调整的，于是空间的建造者就把时间的流速调整与地球时间无异了。现在某些科研机构已能够批量生产这种空间，但商业化投入生产还需要几十年。"

蒋峰嘴干了，给自己和韦陆都沏上了一杯茶，"现在回归正题。"

3

这句话让韦陆猝不及防。他知道蒋峰对他的真实身份有疑虑。特别是他的手环一现身时，光看蒋峰的那种眼神就可想而知了。

韦陆立刻说："我能去一趟洗手间吗？"

"不能。"这两个字把韦陆给压在了座位上，一动不动，像是被绑在了座位上一样。

果然，蒋峰庄重地问道："你到底是什么人？单纯只是郑时杰的朋友吗？还是有其他什么身份？我真的没有什么敌意，我只是……很好奇而已，你知道的，我们都还很年轻。这只是出于一种好奇的心理。只是闲聊，无碍。"

韦陆知道，只要在这个陌生的世界中多了一个人认识他，就会给他带来更大的危险。他现在只是一心想逃离出这颗星球。

可偏偏这时，韦陆的手环振动了起来。

他对蒋峰说："稍等。"然后起身去了花园。

他这时才敢卷起袖子，看着手环的屏幕。屏幕上显示着"欧阳青通过泛银河系紧急通讯中心给您发来了1封电子信"的消息。那个竖立的"1"，如同风雨中顶立的巨人，带给人无限的依偎感和安全感。

可是电子信中，只是冷冰冰的几句话：

> 儿子：
>
> 　　我知道你去了哪里。我太了解你了。对于那个叫韦渊的家伙，我已不想再提。听说他在心宿二哪个地方又做起了生意。你肯定在他那儿。不多说了，不管你在哪里，把位置发给我，我马上接你回来。马上要开学了，快回来把精力用在学习上。以后不准没经过我的同意就擅自离开家。
>
> 　　　　　　　　　　　　　　　　　　　　　　　　　　　　欧阳青

韦陆惨笑一声，关掉了屏幕。

她的妈妈还天真地以为他还在心宿二，没走远。

在心宿二做生意？韦陆又惨笑一声，那是好多年前的事了，那时你刚和韦渊分居不久。韦陆这样想。

你难道想让你的儿子变得和你女儿韦璐一样吗？韦陆想。

天完完全全地黑了下来。月盘居高临下，俯视芸芸众生。

他的嘴唇已经白了。那两颗绿色的瞳仁又像永不干涸的水井般涌出了几滴眼泪。眼泪顺着韦陆苍白的面孔缓缓流下。晶莹的眼泪照映着凄惨的月光，十分悲凉。

它几次想轻触"通过泛银河系紧急通讯中心回信"的选项，可是他知道，这没有用。这里离心宿实在是太远太远了，而且这里即使通过紧急通讯中心联系人，也谁都联系不上。这个地方实在荒凉得——鸟不拉屎啊。

又是一声熟悉的咳嗽。韦陆猛一回头，发现蒋峰擤着鼻子，正带着明白了一切的满意笑容贴在他耳朵边上，盯着他的手环出神。

4

刺骨的寒冷由韦陆的脚尖蔓延到身体各处。这里一到深夜就会冷得超乎寻常，蒋峰已司空见惯。

蒋峰知道了韦陆的真实身份，但碍于两人矜持的关系便没有多说什么。可他的笑容在看到韦陆冷酷黯淡的眼神后消失殆尽。他突然想起了什么，转身回到了自己的房间，从一张写字台的抽屉中拿出了一沓子手稿。那是最近他正在写的一部科幻色彩的长篇小说《被遗忘的孤儿》。构思不算特别新颖，可其中的情节跌宕起伏，常在最最精彩的地方收尾，吊人胃口。字字无可挑剔。

他写东西从来不用电脑写，而是用钢笔蘸着墨水写。他始终不肯用那种叫"墨囊"的玩意儿，他说这样写更节约墨水。

蒋峰急切地翻了几页，眼球迅速从左向右滚动着，在字里行间中寻找着什么，仿佛要在这些白纸黑字中发现一个惊人的秘密。

他确定这张稿子之前没有被人翻动过，可这实在是太奇怪了。

一个与他所杜撰的人物所有特点完全吻合的异星少年从天而降。

这也许是巧合，但可能性小得可怜。

他沉思了良久，把稿子放回了原处，然后踱步走向门外，看到冷静不下来，太阳穴一跳一跳的韦陆似乎又收到了一封电子信。于是他对韦陆冷静地说道："你现在肯定也睡不着。走，跟我出去一趟，当是兜风了。"

韦陆一声不吭地关闭了手环的屏幕，可还是默不作声地和蒋峰走向了那辆凯迪拉克，上了车。

蒋峰就是这样一个古怪的人：古怪的汽车、古怪的脾气、古怪的癖好……而韦陆自己，本来是一个普通的高中生，可在过去的24小时内，来到了一个陌生的星球，与一个陌生星球上的人回了家，驾驶着飞机坠毁在了海里，又被一个陌生的人接走……这经历完全可以编成一部奇幻探险小说了。

蒋峰开着车出了山谷，沿着一条与小溪平行的路行驶。他只是用食指翘起了易拉罐的盖子，然后递给韦陆："给，喝点儿提提神。"韦陆谨慎地接了过来，尝了一口，随即感到精力充沛。

到了平坦的高地，他漫无目的地在大街上闲逛，可韦陆知道，这不可能仅仅是心血来潮、空穴来风。他带他出来一定是有目的的。

可蒋峰一句话也没说，只是打开了车载CD机，"《Chasing Marrakech》。我最喜爱的音乐。"蒋峰随着节拍左摇右摆。韦陆听了一段这首摩洛哥风情的曲子，有着舞动的强烈欲望，旋即联想到了郑时杰的手机铃声。他们两个人果真是最好的朋友啊，连他们的音乐品味都一模一样。

他们仿佛奔驰在马拉喀什的道路上……

Baby， baby you wanna run with me.

宝贝，你想要和我私奔。

To Marrakech， to Marrakech？……

去马拉喀什吗，去马拉喀什吗？……

蒋峰随着旋律哼唱着。此时已经将近晚上十一点。夜幕笼罩着大地，掩护他们继续前行。

可是他们离"夜幕"的左侧越来越近了。眼看就要到世界的尽头了。

When the sun comes up,

当太阳升起的时候,

We can tell a new lie……

我们可以撒个谎

蒋峰突然开始加速。

从道路左右两侧又开来了两辆车，一样开始加速。

"韦陆，又忘系安全带了吧？"这辆凯迪拉克又以进入时在隧道里的速度行驶在这条大道上。之所以一辆老式轿车能开这么快，是因为这辆车还安装了一台特殊的等离子推进装置。

You can tell in my eye,

你可以从我的眼睛中分辨出,

And baby， drive， just drive……

宝贝，尽管开车吧

韦陆在11G的过载中挣扎着，系上了安全带。因为他知道穿过去之后，蒋峰又要重重地踩下刹车。

5

这就是欧式风格建筑大量聚集的地方了。

这些涂着白色漆料的雅致别墅坐落在高地。如果你走进其中任意一间，都会因为里面华贵的装潢而瞠目结舌。

深夜中，已没有多少车辆在道路上行驶。许多户人家都早早地熄了灯，从远处看，只有零星的灯光随意散落在空旷的高地上。住在这里的人大部分都是旅行作家和他们的家庭。他们简直成了一个自由的帮派，不受政府条条法令的约束，无拘无束地生活在这地下世界内……仅属于他们的世界。韦陆羡慕地想。

汽车又打起了转向灯，然后停在了一栋还亮着灯的房子前。韦陆拉下窗户，透过拉着窗帘的房窗，韦陆能辨认出里面有一个高挑的人影，还有一个女人的身影倚在一张桌子旁讨论些什么。

一直不说话的蒋峰突然开口说："看到那个女人了吗？也许她可以帮助你，解决你的……问题。"

"可那个高耸的影子是谁呢？"韦陆不禁问道。

"这……"蒋峰耸了耸肩膀，表示他也不知道。

韦陆还没等蒋峰熄火就先解下了安全带，打开了车门。待蒋峰出来以后，他们快步走上这栋房子门前的阶梯，接着蒋峰按下了门铃。只听见里面传来了高跟鞋走动的声音，紧接着门开了。

"噢，嗨，蒋峰先生。您的到访真突然。快进来坐吧……噢，这位是……"一个欧洲面孔的年轻女性以笑靥迎接这两位突兀到访的客人，嘴里说着英文。

"他是我的客人。我相信您不拒绝接待他吧。"蒋峰也流利地用英语回答道。

韦陆的脑电波接收到了她的语言中枢发出的信号，便也用一口漂亮的英语说："您好。"

"你好！快，快进来坐吧！来！"她显然也看到了他的瞳孔，便有点语无伦次地说道，"对了，我——我叫乔伊·艾米丝，叫我乔伊就行。你叫什么名字？"

"韦陆。"

这时从一间房间传来了讶异、悲愤又惊喜的叫声："啊！韦——韦——韦陆！"韦陆想，这肯定是刚刚在外面看到的那个高大男人，可是不明白他为何那么激动。一秒后，他明白了。他也惊喜地叫出了声来。

郑时杰从隔间里以冲刺的速度跑了出来，差点一个踉跄摔倒。

"韦陆！蒋峰！"郑时杰先是给了韦陆一个拥抱，然后又紧紧抱住了蒋峰，"没想到这么快就能遇见你们！"

于是，郑时杰和韦陆坐在客厅的沙发上高兴地向对方讲述这24小时内他们都做了些什么：

原来郑时杰立即追踪了那架西门诺尔的飞行轨迹，得知在夏威夷群岛附近坠毁，便即刻从石家庄赶往北京，搭乘北京直飞火奴鲁鲁的航班，并遇见了前来接机的昔时同窗、也是复旦大学的留学生，乔伊。后来，他从乔伊口中得知，她和蒋峰是朋友，而蒋峰和她居住在同一个地方。

韦陆也环顾了一下这间房子，发现到处都摆满了天文学的获奖证书，还有雨果奖和星云奖的奖杯。

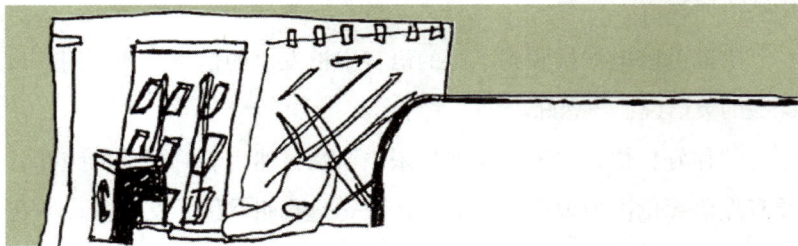

这一头乔伊和蒋峰则围在餐桌前，乔伊听完蒋峰讲述了韦陆的事，互相交换了自己对于韦陆所遇到的麻烦的个人意见。

乔伊身穿一件米黄色大衣，嘴上涂着艳红的唇膏，脸上还裹着一层厚厚的粉，看起来就像是时代名媛一般。她的手腕上戴着一只古董表。后来韦陆得知，她还是一个基督教信徒。

待双方都安静下来后，乔伊示意郑时杰和韦陆过来。乔伊清了清嗓子，说："Nothing is impossible（没有不可能）。韦陆，你确认，你的父母是分居的？"

"我确定。"

乔伊在纸上用铅笔"哗哗"做了什么记录。然后，她又问："你的父亲告诉你他住在哪里了吗？"

"南门二。"韦陆的回答非常简洁。

"这不可能！"蒋峰马上激动地说道，"那封信上说你爸爸在心宿二！他——"

"他怎么那么激动？"韦陆问乔伊。郑时杰也随声附和。

"是这样的，韦陆先生和郑时杰先生，韦陆的生活轨迹，与蒋峰先生正在创作的一篇小说的主人公完全吻合。"

　　韦陆和郑时杰都惊讶地张了张嘴。显然，他们已经明白了几十小时前他们都看到过的那句话。这只是个巧合，还是另有诡计？

　　乔伊朝坐在她旁边的蒋峰使了个眼色。蒋峰立刻愧疚地闭上了嘴。这在他看来，是绝对不可能的。

　　"是的，他曾经在心宿二待过一段时间。可是他后来又到了南门二定居，"韦陆从容地回答。"而且——"他仔细想了一下，又决定不说了。

　　"快说，而且什么？"乔伊用焦急的口吻说道。郑时杰和蒋峰也急切地望着韦陆。

　　韦陆看了看大家，看到大家都在鼓励他继续往下说，这才开口："而且……我想让郑时杰把我送回那个地铁口。"

　　"你的意思是，你可以从那里回家？"蒋峰这次没有控制住自己，又联想到了自己未完成的作品，站起来质问。乔伊示意他坐下。

　　"我的父亲刚刚才发来一封信，说他在那里等着我。"

尾　声

　　第二天凌晨，北京轨道交通1号线废弃站的月台。

　　韦陆一行人在征得许可之后快速走下韦陆48小时前走过的阶梯，来到了月台。

　　月台与上次来的时候完全没有变化，连郑时杰和韦陆两人的脚印都还留有痕迹。蒋峰看着从隧道远端射来的蓝色光束说："我们要愚蠢地在这里待上几个小时，然后沮丧地回夏威夷吗？"

乔伊说："但愿不会这样。"除了默念"阿门"和在胸前画十字，她实在想不出其他办法。于是整个月台都回荡着"阿门"的声音。

二十四点整。

同一时刻，那道蓝光，也就是当初照映韦陆脸庞的那道光芒，亮度一下子增大了许多，使它变得极其刺眼。那是什么？

然后，一个机械构造的轮廓映入了四人的眼帘。一个庞然大物正在减速。

那是韦陆来到地球时搭乘的那列接驳列车。

列车的"流线美"是郑时杰、蒋峰和乔伊从来没有见过的。在三人的目瞪口呆以及一人的迫不及待之下，列车缓缓驶进月台，并稳稳地停了下来。

在还没有开门之前，韦陆可以看到那些乘客仍然在熟睡，可那不是真正意义上的"睡"，按人类的话来说，更接近"催眠"一点。

韦陆恍然大悟！

在列车调整与外部气压相同后，两扇门像羽翼一样滑到了两侧，可过了许久都没有人走出来。

四个人在列车旁巡视着，寻找着一个鲜活的生命体：韦渊，韦陆的父亲。

可寻找了很久，都没有找到。

韦陆失望极了。父亲，你真的撒谎了吗？他在脑子里默念。

这时，门关了。一个饱经沧桑的男人突然带着一个女孩从座位上站起身来，来到了屏蔽门前。门又自动缓缓向两边移开了。

他用最最亲切、最最诚恳的语气说："我没有撒谎。"

　　韦陆痴痴地跪在了地上。他的绿眼已不知流了多少泪水，每一滴泪水先落下又隐去，仿佛一句无言的问答。

叶开老师评：

　　　　颜梓华的《地球48小时》是我最近读过的最杰出短篇科幻小说之一。你运用了我设定的"地球旅行记"这个命题，以"外星人"——17岁的少年韦陆的视角，来重新看待一个"旧世界"，也就是地球的生活，以此激活了整个世界，让一切几乎无趣的事情变为趣味盎然。心宿二的少年韦陆父母离异，他打算搭乘星际列车去几百光年外的南门二去见父亲。其实，跟着强势的母亲在一起生活，他有各种的不满意和叛逆心理。他背上自己的行囊，从窗口跃出，买了一张火车票，就朝着几百光年外的异乡驶去。"17岁出门远行"是一个人从青少年进入成年时期独自面对自己的开始，更何况，是从心宿二到南门二这么漫长的、几百光年距离的旅行呢。这样的超光速旅行，从时间上来看，不仅可能是倒回去的，要请父亲到昨天来接自己，而且，还可能出现旅行偏差。例如，不小心进入一个特殊轨道，落入了无比落后的旧地球、2019年左右的世界。要知道，LED灯这种设备，在心宿二是20多个世纪前就被抛弃的技术，而落入时间陷阱的少年韦陆就这样，不小心从那个迷失了轨道的星际列车上下来，碰上了两个地球人，并因此对地球有了一点点认识。我作为资深地球人，是很熟悉的，不过对于心宿二的17岁少年来说，一切都是很奇怪的。地球的落后和人类生活的那些规矩，让他很不适应。不过，你的设定中，蒋峰所处的那个"空间"，是很先进的，我觉得这么先进的空间，不为韦陆的返回做点贡献，有些说不过去。而且，你其中又写到蒋峰的一篇科幻小说里的情节，与韦陆的身份一模一样。简直是现实和虚构完全混淆了。

最特别的是，你处理韦陆这个"离异家庭"的孩子的心理，非常熟练，他对父亲、母亲以及妹妹的那种复杂情感，写得非常自然，生动。心宿二和地球的人类，在这方面都极其相似，看来地球人从中也可以学习到一些处理这些关系的方式，尤其是，韦陆的父亲，那么突然、而又有几乎不可能却仍守信前来接他，让你的故事突然翻转，而且十分自然。

这部小说背景宏大，但人物定位清晰，叙事结构非常合理。尤其是你处理细节的能力已经非常强了，这样对人物所处的环境进行转换时，都非常符合思维逻辑，让人信服。毕竟，从遥远的心宿二和南门二之间突然来到地球，这个银河系中最荒漠的区域，是很怪异的事情，你却通过描写那个地下铁被废弃的车站的景象，让这一切从阅读心理角度上合理化。

太棒的了作品，可以写很长的评论。然而，我还是戛然而止吧。

6 What about sunrise?
What about rain?

戒　月（曹文琼）　七年级

楔　子

我来自火星。

我的名字叫塔卡。

随着地球科技的不断发展，地球上的人类逐步踏上我们的星球。

但没有人意识到我们的存在。

这是听我的教授说的，由于地球人只有五种感官，并不具备察觉我们的能力。如果要说我们的模样，大概就是地球人口中"意识"的形态——看不见摸不着，却又真实存在。

火星的科技比地球发达，我们很早就已经实现了探索外太空的能力。新研发的"量子飞船"可以通过量子结合达成超光速飞行，速度可达光速的一万倍。这项科技地球人并没有做到，也不可能做到。他们是实体，如果使用量子传输，需要4500万亿年。

这项技术已经逐步成熟，但由于成本较高，票价也就随之增高。我的有些同学已经踏上过地球，我却因为从小没有父母而失去了经济来源，唯一的积蓄就是我在孤儿院每个月攒下来的零花钱。

所以当我得知我获得了足以支付飞船票的奖学金时，我简直不能相信自己也能踏上同学口中那片极美的世界。

三天后，我登上"量子飞船"。只是一眨眼的工夫，我就脱离了失重的环境。我满怀着激动的心情走下飞船，眼前的景象却让我怀疑自己来错了地方。我回头看向身后的工作人员巴布，他耸耸肩，道："这就是地球。"

眼前黄沙弥漫，所有的事物都像影子一般晃动着看不真切，能看见的最远的地方也不过就是地球人所说的"一米"以外。这和同学所说的绿色星球大相径庭。

巴布知道我在想什么，又道："之前的乘客去的都是我们再造的星球，是模拟地球原本模样建造的星球。你获得了地球专业的奖学金，你有能力拯救地球。所以我们决定让你成为第一个来到真正地球的乘客。

"你现在所在的地方是'撒哈拉沙漠'，所以你能看见的只有沙土。其他地方会好一些，但如果继续下去迟早也会变成这般模样。

"你刚刚在飞船上时，我们已经给你左手上的智能手表导入了资料，你可以打开看看。这是地球的地图，你可以自由选择要去的地方。量子传输系统会帮助你到达。

"如果遇到了什么困难，可以将问题传送给我们，我们会立即给你解答。

"塔卡，地球的希望就寄托于你了。"

我点点头，身后的飞船便不见了，只留下地面上一圈烧焦的印子和空中弥漫的黄沙。我大概扫了扫地图，点下"美国"，瞬间进入到失重的状态。

不知道是刻意还是制作得不完善，量子传输的速度明显慢了，过了好一会儿才到达。当我终于从失重的状态踩上实地时，我不由得松了口气。等眩晕感消失，我才小心翼翼地上路。

这里的环境确实比"撒哈拉沙漠"好了许多，却也不尽如人意。高楼耸立，几乎没有绿化，深灰色的废气从车尾排出，融入天空中的那片黑色。阳光几乎晒不到地面，全被那片黑色阻隔在外。

耳边突然响起音乐，我循着声音走过去，一处高楼的大屏幕上正放着一段视频，记得教授曾经说过那叫作"MV"。视频中的人物

我也听教授提起过，那是地球歌坛上神一般的人物，是流行音乐之
王——Michael Jackson。

> What about sunrise
>
> What about rain
>
> What about all the things
>
> That you said we were to gain……
>
> What about killing fields
>
> Is there a time
>
> What about the things
>
> That you said was yours and mine……

教授曾教过地球上的语言，最早教的就是英语，所以我能听懂
这首歌的歌词，至少能听懂大概。看来地球人已经意识到环境被破
坏了，意识到要采取行动了。巴布说我能拯救地球，可我又能做什
么呢？

> What have we done to the world
>
> Look what we've done
>
> What about all the peace
>
> That you pledge your only son……

是了，要先去拯救那些在战争中绝望的人们。

我去了地图上显示正在交战的地方，空气中硝烟与血的味道融
合，浓厚沉重。到处都有人中弹流血，不只是士兵，更多的是无辜
的平民。我束手无策，只能干着急。余光看见一颗子弹叫嚣着飞向
一个人的胸口，我下意识地扑过去想为他挡下子弹。子弹在碰到我

时速度慢了下来，在我体内爆炸。可能是因为我没有实体，我并没有感觉到痛。身后的人惊讶地想看清是什么救了他，但我知道他的目光只是穿透了我，看向那片他本可能再也看不见的天空。

我意识到这种办法可行，接连挡下好几颗子弹。当我对上其他人惊讶的目光时，我才发现自己不再是看不见摸不着的了。我全身泛着微光，渐渐显露出了实态。万幸的是，有了实体的我依旧不会被子弹所伤。

我在保护人们的同时打开手表查看是否有办法结束战争。我皱紧了眉头，直到看到这么一行字："人类很容易相信有他们没有的能力（超能力）的人，他们会将他视作神灵，一切行动都会听他的指示。只要能证明比他们强，而且发出的指令听起来对他们确实有利，他们就会听从。"

我从背包里翻出一个扩音器，是用特殊科技制成，能人性化地根据距离远近改变声音大小。

我对着扩音器说话，用转换器转成发音标准的英语。可能远处的人被声音震住了，动作停了下来。我继续说："停止战争吧，战争对大家都没有好处。想想在战争中死去的孩子，想想你们向你们的孩子所许诺的和平！"我重复说了一遍又一遍，直到确定所有人都听到了我的话。

大概是起到了作用，再也没有人打出一颗子弹。

回家吧，重建你们的家园！

 What about animals

Turned kingdoms to dust

What about elephants

Have we lost their trust

What about crying whales

We're ravaging the seas

What about forest trails

Burnt despite our pleas

有了一次的成功，我好像也明白了该怎么做。我到即将被砍伐的森林，到被污染的海洋，到偷猎者密集的大象栖息地，到猎杀鲸鱼海豚的港湾……

正如那段文字所说，人类都听从了我的话。虽然死去的动物和消失的森林不会复活，但现在着手保护它们也为时不晚。

地球正在复活，世界重获生机。

当黑夜最终消散，当阳光重回大地。

一切回到最当初，那片绿色的土地。

我沐浴在阳光下，身体渐渐变透明。

我想我拯救了地球。

我登上"量子飞船"准备回火星。启程前我回头看向窗外，明晃晃的阳光照亮了整个世界。

我笑着，离开。

叶开老师评：

　　正如狼昨说的，下载了迈克尔·杰克逊的歌一边听一边读你的小说，会感到突然升华了。

　　火星的信息态或者能量态智慧生命塔卡受命来拯救地球，她通过搭乘"量子飞船"，很快就来到了地球，是真正的地球，一个荒漠化不断加速、未荒漠化地方却有不断战争的地球。在这里，塔卡以自己的超能力，从阻挡子弹开始，到拯救森林，最后拯救地球。反思一下地球，如果地球文明不能意识到地球的危险，如果地球文明企图依靠火星文明的拯救，那时将是非常危险的。

　　你的作品非常完整，很精彩。

7 我在火星等你

枫小蓝（谢崇云） 七年级

只剩我们俩

四周一片漆黑。此时，我真想开灯。但是，灯是什么呢？！爱迪生此时还连只森林古猿都不是呢。对啊，其实我也不知道有灯这么一个词。

我的族人，正在研究制作那个巨大的飞船。他们说，要去外太空旅行。估计，已经研究了……嗯？都记不清他们研究了多久了呢。

我叫火花。是的，你已经猜到了吧，我在火星。而现在，距离人类的诞生，还差了几乎十亿年呢。不过，火星文明，很快就要破灭了吧。听说，火星上的氧气已经不够我们族人用了。是的，我们火星族人也需要呼吸氧气。而且，与人类不一样的，是我们不吃农作物（我们其实也不知道什么是农作物），我们食用的，是空气。在这荒芜的火星上，空气是有限的。因为我们不会种树，我们这儿没有一棵植物。自然，也就没有产生氧气的东西了。听别的族人说，我们火星族人非常厉害，造出了好多别的文明不曾造出的东西。但，唯一不能造的，便是氧气。

那艘飞船，不是普通的飞船。进了那飞船，别的文明就看不见我们了，但我们可以看到他们。因为，那艘飞船，是多维的空间。谁知道是几维的呢！也许，只是三维，或者，是十维？……

也不知过了多久，好像就在我睡了一觉之后，他们的飞船，就造好了。我跑过去，想要玩弄一番。族长站在旁边，看着我，许久许久。"也许，我们应该带几名小孩。"族长对旁边的一个族人说。我听到了。"就这位吧！"他好像指着我。

接着，族长向我走来。"火花，你愿意跟我们一起去吗？我们还会带上焰火。"我们所有族人的名字，都是族长起的。因此，他记得我们所有人的名字。

我眨巴眨巴眼睛，装作平静地回答他："当然。"

后来的事儿，我就什么都不知道了。直到那天登上飞船，飞船起飞了。"再见——"我朝几个好朋友喊道。但是，仅仅隔了一秒钟，他们就从我的视线里消失得无影无踪了。不过，就算飞船还在地面上，他们也听不到吧。

"族长，我们要飞往哪里？"我问。

族长盯着舱外，看也不看我一眼，回答道："仙女座星云。"

（仙女座星云是银河系中的一个星系，跟太阳系很相似。）接着，他命令着飞船："加速行驶！按照原计划路线行驶！"

"族长，你在跟谁说话呀？"我天真地问。"飞船。"族长简单地回答了我。看我又要问，他又说："这飞船是多维的空间，它可以听见并执行我们的话语。"

我和焰火玩了好一会儿，无聊了，便在飞船里转来转去。外面的世界，好神奇啊。浩瀚的宇宙……无数颗彗星和宇宙尘埃在外面漂浮游荡。我们还看见了其他的行星……天哪。

不知道过了多久，应该有好多天了吧。族长突然召集所有的族人到了船舱里。"飞船里的氧气将会越来越紧张。我们必须解决这个问题。到达仙女座星云……是个非常遥远的距离。经过讨论，我们决定帮助大家进入'冬眠'状态，这样，呼吸的氧气会少许多。不过，我们还决定，留下这两个小孩。也就是说，这两个小孩将不进入'冬眠'状态。他们小，吸入的氧气也少。他们可以保卫我们的飞船——如果有必要的话。"

我和焰火没有说话。他们也没有问我们愿不愿意。

接着，族长给每个人注射了一样东西。我不知道是什么。"不疼的。你们只会沉沉地睡去。"族长说。最后，几乎所有人都睡去了。只剩我、焰火和族长了。"火花，焰火……你们必须守护好这飞船。我们将会睡去，给你们节省氧气。我们必须到达仙女座星云。操作流程说明什么的都在那边，你们随时可以翻看。不过，大多时候，不用管它。我们也不会被敌人看到，因为我们是多维的。好了，现在，火花，请帮我注射它。我也将睡去。"

　　我拿着注射管，手抖得厉害。"族长……""不用想我。我一直都在。"

　　注射管很细，管里面的液体是透明的。我闭上眼，将它扎进了族长的手腕。族长什么反应都没有。我都来不及问这是什么液体。

　　"火花……"焰火叫我。"嗯。"我回答。

　　接着，是沉默。

不成功的仙女座星云之旅

　　我们花了好久，研究完了操作流程。原来这么简单！只用命令这飞船就够了！

　　氧气一天天地在减少。我们已经不止一次给飞船发送这个命令了："取出备用氧气！"……

　　但是，氧气自始至终是要被用完的。

　　我和焰火将那群沉睡的人拖进了一个房间，放了些氧气，便将房间锁了起来，只留了几个小孔。他们不会死的。而且，这样会剩下更多的氧气。

　　"飞船，加速！加速……"焰火命令道。

　　我们不知何时，已经出了太阳系了……而且，仙女座星云似乎就在眼前了。那儿，会有什么样子的文明呢？……我和焰火，已经长大许多了。这令我们惊讶。已经过了好多年了吧？！

　　但是，这天，飞船遭到了追击。

　　我和焰火猜测，那是比我们维度更高的文明。虽然我们什么都没看见。去仙女座星云的道路，被他们挡住了。我们不可能再前进。

　　"飞船，按原路线退回！速度加倍！"

　　仙女座星云，看似就在我们眼前了……但是，我们被迫返回火星。唉，族长知道了，会怎么想呢……但是，我们确实无法打败那些高维度的文明啊。我们看不见他们！

　　氧气的事儿迫在眉睫。飞船已经到最快时速了，不能再快了。再说，它已经很破旧了，再加速的话，说不定会爆裂的。那样的话，会有更麻烦的事情发生……

　　焰火说："火花……我们必须行动了。"

　　"什么？"我没有明白过来。

　　"我们必须清理掉几个人。不然，我们都得死。必须坚持回到火星啊！"

　　"这……"

　　焰火说的其实没有错。经过了许久的讨论，我点了点头。

　　有几个族人被我们安放在了另一间房间里，那房间没有什么氧气。过不了多久……他们便会死去。

　　仙女座星云……永远也只是场梦吧。我们不能到达那儿了！

南极洲？ 俄罗斯？

我们回到了太阳系。我们飞向离我们最近的那个行星——管它是不是火星！现在，活命最重要啊！飞船冲进了大气层。"减速——准备登陆！"我发出命令。

飞船降落在了白雪皑皑中。外面的风异常猛烈地吹着。"打开船舱后门！引进空气！"

后门自动开了。空气猛地进入了飞船！啊，这才叫爽啊……仙女座星云，早已被遗忘在脑后。

"天哪！"焰火突然惊呼。"我们，在地球啊！这儿……应该没有人吧？"

"如果只过了几十年的话。"我回答。这儿，是地球的哪儿呢？

我们正准备去把族长和其他几名族人弄醒，进了房间，却发现……他们全都因为缺氧而沉睡着死去了。"天哪，我们干了什么？"焰火轻声说道，"族长他……"

我们自己留了下来，别的人，却全死了！天啊。回到火星，别的族人会怎么想我们……

根据飞船上的地图显示，这儿，是地球上的最南端——南极洲。我们现在氧气足够了，需要做的事儿，只有两件：首先，处理掉尸体，为他们默哀；其次，找个更温暖的地方。南极，太冷了！

尸体全部被我们移下了飞船。我和焰火将他们安葬好就重新登上飞船起飞了。

这次，我们飞得很慢，很低。在飞船里，没有地球人能够看到我们，也看不见飞船。他们顶多只是三维的，而我们，是多维的。就像仙女座星云前面的那些文明一样，他们可以看到我们，我们却看不到他们。这就对他们有利了。他们很容易把我们干掉，所以，我们才选择了逃跑！

飞船行驶了一会儿。"哇！看，下面！是金黄色的啊，好美！"焰火大叫。"停——就在这儿吧，笔直降落！"

地球的简介上说，这儿，叫作一望无际的麦田。我们现在，在俄罗斯，不是南半球了，已经到了北半球，接近北极圈了。不过这儿，比南极洲暖和多了。

我们走下了飞船。"散散心吧！"焰火看着有些落魄的我，说道。我点点头。"我们在这麦田上画画吧！""啊？怎么画？"我问道。

焰火笑了，带我重新进了飞船，并开动飞船。不过他没有让飞船飞起来。飞船在麦田上行走着。我们控制着飞船，很快，我们画出了一个圈。飞高点儿一看，非常壮观。

不久后我们看见有人（地球人）走来。他们看不到我们。但他们惊呼着我们的画作。我们听不到也听不懂他们在说什么，不过我们有些惊奇：地球上，已经出现这样高级的生物——人类了？听族长之前说过，地球是荒芜的，没有生物的啊。

难道，我们去了一次太阳系以外，就过了十亿年？……

那，那样的话，火星，也早已不存在了吧！不，我的意思是，我们火星族人，也早不存在了吧。

很久之后，我们无意中知道，人类将我们那天的画作，叫作"怪圈"，他们认为可能是"俄罗斯怪圈"，说是一些无聊的俄罗斯人故意弄的。

后来，我和焰火，离开了地球，回到了火星。

此时的火星，已经早没有了氧气，更没有了火星族人。

我和焰火没有逃，我们去了那个族长所去的地方。也许，那儿，就是仙女座星云吧！

叶开老师评：

枫小蓝这篇《我在火星等你》不再用"萤火之森"的梗了，是一个新的设定。这个设定，在时间和空间上，都比较大，确实有点太大了，如几位同学的"仔细钻研"说的那样，一个是"飞出太阳系就过了十亿年"，这个明显是超光速飞行，哈哈。还有，飞出太阳系并且飞出了银河系，这个简直是没完没了的旅行啊。据我的深入理解，一般来说，你们小朋友对世间的维度，都不是特别敏感，动辄十亿几千亿地用。而实际上，等你们慢慢长大，对时间就会有更多认识了。从火星飞到地球，实际上距离并不远，这次旅行被你无限地拓展了，拖延了，从十亿年前来到现在，这个太厉害，哈哈。你不妨考虑合理化一下。另外，族人能造出高维飞船，别人看不见，这个科技是很厉害的。虽然不一定能逆转时间，但是，可以对时间动点手脚。例如，让时间变慢，或者，让光速变慢。诸如此类。

8 冰 晶

田静怡　三年级

　　我叫藤箫，是个火星人，我的父亲也是火星人，母亲不知道来自哪里，但她说过她出生的星球很美丽，母亲临终的遗愿就是找到她自己出生的地方，我寻遍太阳系每个星球，都没有结果，除了——B23567F8号星球，也就是地球。

　　我父母留给我唯一的遗物——搜寻者飞船，在一次搜寻过程中受到严重损坏，我们勉强飞回了火星。维修大叔说搜寻者号永远修不好了，除非让地球人来修，因为他们有一种特殊的材料可以修好飞船。所以，我决定去地球，顺便看看那里是不是我妈妈的故乡，我想太阳系里只有这个星球没有去过了，那里应该就是……

　　我把所有的积蓄拿去买了一张去地球的飞船票和一本《地球生

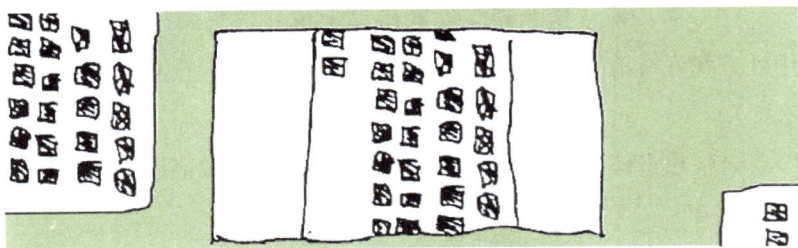

存指南》，就出发啦！

　　妈妈说过，她出生的那个星球很美丽，有植物，有很多欢乐的人，繁华的大城市，静谧的山间小路……我想，这里和妈妈所说的地方一模一样，应该就是这里了吧。我激动地想着，眼里不禁掉出了冰晶——被地球人称为眼泪的东西。寻找故乡的任务完成了，妈妈，你知道吗？我终于找到你出生的星球了。

　　现在，要去找修理飞船要用到的特殊材料了。我先去了街道，在一个商店里看见了我所需要的东西——被地球人称为橡皮泥的东西。我走进那家商店，想买那个叫橡皮泥的东西。

　　我问："老板这个多少钱？"

　　"两块钱！"

　　我想我连一分钱都没有，咋办啊？买不起修理飞船的特殊材料了，我伤心地掉下了"泪"——冰晶，叮叮两声，冰晶掉在了地上，老板发现了地上的冰晶，快速捡了起来，说："这是你的吗？"

　　"这是我的，怎么啦？"我回答说。

　　"你可以用这个东西换橡皮泥啊！"老板笑着对我说。

"好啊！换！换！换！"我激动地说。没想到冰晶有这个大用处！我好奇地问老板："这在我们那里叫冰晶，这对你来说是什么？"

老板用奇怪的眼神看着我："这是钻石啊！很值钱的！你难道不知道吗？"

我愣了一会，"这在我们那里并不值钱啊，这只是我们的眼泪而已。"

这回轮到老板惊讶了："你来自哪里？"

"火星。"

老板说："如果你没其他事就请离开吧。"

我拿着橡皮泥，又买了一张票回了火星。回到火星后，我先把橡皮泥给了修理大叔，让他修理好我的搜寻者号飞船。然后，我来到妈妈的墓前，说："妈妈，您多年的心愿终于被我实现了，您的故乡是地球，希望您在天上能听到吧！"

在高高的云端上，一位穿着白色衣裙的仙子微微地笑了一下。同时，美丽的仙子也掉下了纯洁的冰晶。

叶开老师评：

田静怡写了一个非常美好的火星故事，可以说是纯净的童话故事，我非常喜欢。这里的核心是"冰晶"，在火星人那里，并不是很珍贵，但是地球人超级喜爱钻石，而

让"冰晶"成为极其珍贵的东西。地球的"橡皮泥"修好了
"搜寻者飞船"，这也是一个很好的想法，超级有意思。你
看，火星距离地球不远，如果从火星人的角度来看，找到地
球并不难。可以设计为：地球那么大，妈妈在地球的家有点
难找。例如，广州珠江新城什么的，在那里，一个童话般的
花园里，找到了妈妈的摇篮，摇篮旁边，是一盒橡皮泥。哈
哈。

9 拯救地球

刘昊鑫　五年级

　　艾伦是木卫四上的一位居民，也是太阳系特别行动小组的成员。

　　一天深夜，艾伦接收到地球传来的求救信号：地球正面临着严重的生化危机，0203号病毒正在地球表面迅速扩散，他们急需一种特殊的抗病毒物质来应对这种病毒，而这种抗病毒物质太阳系只存在于木卫四和其他卫星上，非常稀有。

　　艾伦急忙出门，披上厚重的太空衣，带上探测器，在木卫四极度寒冷的表面寻找那种稀有的抗病毒物质。两个小时后，探测器发现这种物质的痕迹，它被携带于土壤深部的一种蠕虫体内，艾伦把找到的四条虫子放进保温箱，它们在温暖的环境里很快便成倍地繁殖。很快，艾伦带着它们登上了太空飞船。这艘太空飞船叫作黎明号，它采用最先进的核动力引擎，最高时速可达0.75倍光速，续航能力为五亿千米，内部的生态循环系统可维持二十到三十年。

艾伦登上了飞船，随着引擎的轰鸣声，黎明号从木卫四的土地上腾空而起，直冲茫茫宇宙。不过五分钟，黎明号便加速到最高速度，这时一阵警报声突然响起，艾伦走过去查看，原来是被一个小行星击中了，导致左边的船体外面破了一个洞。幸好其他地方没有出现问题，启动自动修复系统后飞船继续前进。

经过两天的旅行，艾伦终于快要到达地球了，但他随之又遇到一个更大的问题，地球周围受到交通管制，禁止身上携带其他病毒的物种传染地球。管制员要求出示证件，可艾伦却没有带，这让他非常焦急，该怎么办？

这时艾伦突然听到一阵引擎的轰鸣声，急忙回头去看，原来是他的助手把他的证件送到了这里。

艾伦这才长舒了一口气。

很快，艾伦接近地球大气层，启动激光扫描，检测到中国、美国、韩国感染情况最为严重。飞船停靠在天安门广场，艾伦穿上隔离服，戴上口罩走下飞船，空气里弥漫着一股非常难闻的味道，这里的人们面目都非常憔悴，一副无精打采的样子。走进国务院大厅，艾伦把装有蠕虫的保温箱亲手交给了中国的主席。主席握了握艾伦的手，这时他发觉主席的手非常瘦弱，原来骨瘦如柴的他也感染了病毒，艾伦对他说："希望您和您的人民都快快好起来！"他感激地流下了眼泪："太感谢了，我不会忘记您的恩情的！"接着

他离开中国，坐上飞船前往美国。

这时，他才发现他们的总统也感染了病毒。艾伦非常羞愧，为什么不能早一点运过来呢，这样就可以让人类同胞尽可能少地感染病毒啊！人类从蠕虫体内提取了抗0203病毒物质，几个小时后，他们就一个个好起来了，又过了一天，个个都精神焕发，如同没有遭遇过这场灾难似的。

在准备返程时，艾伦发现地球大气受到的污染非常严重，他们的地面交通工具十分落后，在木卫四地面摩托都采用反重力装置推动，而在地球上飞机、汽车都用老旧的燃气推动。说干就干，艾伦返回木卫四，运了将近五千辆反重力装置推动的地面摩托作为礼物送给了地球人，地球人感激不尽，有了反重力装置，不会消耗燃油，这样他们就不用面对如此严重的空气污染了！艾伦也为地球人感到高兴。临走前，艾伦提出把地球上报废的飞机、汽车和其他一些废弃的金属机器一起运回木卫四，把它们重新改造成一台台崭新的飞行摩托。

艾伦登上黎明号的甲板，启动引擎，飞向茫茫宇宙。

不久后，艾伦回到了木卫四，当他走下飞船，发现四周都插满了红旗子，上面写着：欢迎英雄归来。艾伦大笑起来，他的同胞们一把抱住艾伦对他说："你为地球人做了很大的贡献，市长正准备要表扬你呢！"可艾伦没有满足，他希望能帮助到太阳系更多的朋友。

在木卫四星际舰队主控制室的星图上，火星方位发出了预警信号，红色光点不停闪烁。艾伦再次登上黎明号，踏上了前往火星的旅程……

叶开老师评：

刘昊鑫这篇拯救地球的文章写得超棒。从木卫四到地球的距离，用0.75倍光速来飞行，两天就到地球，这个你也算过的吧？算过，黎明号飞到地球的时间就比较合理，这样就是"硬科幻"了——符合我们传统物理学对世界的认识。尤其是，0203号病毒在木卫四冰层下的蠕虫身体里携带的设定，写得非常合理。有科学家认为，海洋底下，包括一些永久封冻地区，如果解冻，可能会释放出人类之前没有碰见过的致命病毒，而带来可怕的死亡。地球遭到这种无法解决病毒的侵害，写得很有预见性。你对环保也很关心，想法也有意思。艾伦把废弃的金属机器运回木卫四，然后改造成一台台崭新的飞行摩托，是其中的一种方式，但看起来不能彻底解决地球的环境污染问题，地球人还要转变观念，更多地使用清洁能源才行。

10 逆 向

飘 茶（张嘉懿） 六年级

原来火星人是真的存在啊。

让别人听到这话，估计会打个电话说："喂，我这儿有个精神病院跑出来的……"但这一切都是真实发生的。

今天晚上，我吃过晚饭打算出门散步的时候，在门外捡到了一个自称是火星人、看起来十八九岁的男孩儿。当然，我也想把他送回精神病院，还挺善解人意地问了他一句是从哪个院跑出来的，你们那儿看护措施那么强，跑出来挺不容易的啊。

"……我不是精神病，"他叹了口气抬起头，望向我的目光里闪烁着一种我从未见过的光芒，"我是从火星来这儿找你的，要不没事谁来这破地方。"

　　我刚想回他一句"你那才是破地方呢"，他又开口了："算了，现在跟你解释这些估计你也听不懂，但是你赶紧跟我走……"blablablabla了一堆破名词后，他站起来拍了拍身上的灰："……你该回去了。"

　　于是本着看热闹不嫌事儿大……不对，是为我们祖国可爱的花朵负责的原则，我被这小孩儿硬拉着拽到了城郊的森林边上。

　　……看就看吧，就算是为顺利度过中二期的少年儿童们做点贡献好了。但在他转了快两个小时还没找到地方的时候，我开始觉得这不该是从精神病院跑出来的了。

　　这病得是从来没治过。

　　在我马上就要走烦了，忍不住想转身离开这个鬼地方的时候，他突然开了口："到了。"

　　然后下一秒就从地底传来了低沉而又震撼的轰鸣声。地面以恐怖的速度开始震动了起来，刺眼的光芒瞬间闪现在夜空中，几乎把午夜十一二点郊外的天空照得如同白昼一般。在光的映照下他回过头，声音不大却很清晰地传到我的耳边："瞬间的瞬……还记得kcg吗？"

　　"瞬……"我偏过头，好像有着什么在脑子里像烟花一样炸裂，可遮着它的那片迷雾却仅仅是散开了一点点，一个名字不经大脑思考就脱口而出，"……瞬之……"

　　"……"他在一片光芒中笑了，笑容里面却带着些我说不清道不明的东西。很复杂，也让人不想去触碰，"好久不见。"

　　他身后的光中，一架闪着光的飞船悬浮了起来，移动的时候带起一道光痕。……瞬之。我隐隐感觉到一种熟悉感。

"那么，重新来做个自我介绍吧。"飞船启动的噪声渐渐停止，周围静得好像能听见蝉叫声一样。他松开手，嘴角无声地划出一个弧度，"初次见面，我叫向隅……请多关照。"

火星人……好像也是存在的啊。我无意识地想。

差不多已经忘了自己是怎么被向隅拖上飞船的，反正当我从震惊中回过神来的时候，自己已经生无可恋地躺在飞船的光罩中想吐了。

"我们的目的地是火星，我的家园，也是……你的。"

我震惊地一起身，差点被呈光带状的安全带拉得倒回飞船的光罩中："什么叫我的？！我明明是土生土长的地球本地人，为什么说是……"

火星人……啊不，现在应该是向隅，似笑非笑地回过身，语气很是不明显地掺上了一丝刻意："那好啊，你父母呢？为什么你每天这么轻松不用工作还不愁吃穿？其他人在哪里？想想这些。"

"什……"我说到一半的话竟然就被思想打断。父母、工作、钱的问题——以前我的确是没有这么想过，仿佛是被忽视了一样，今天被向隅提起才一把揭开。其实一想就能想到里面的不对劲，但我以前为什么就没有想过呢……

这一块的记忆，好像是被人刻意抹平了一样，想不到，也从来不会去想。如果不是有人提到了，那么也许我就会永远把它忘掉吧。

我深深地叹了口气："走吧。"

之前只顾着恍惚了，竟然没注意到，飞船内舱的样子出乎我的意料。它的整体是纯白色的，线条衔接十分自然，一眼扫过去可以让人混淆了机械与自然的气息。

介于黑白之间的充满"奇迹"的工程。

闪过的记忆片段零零碎碎地被读取，却记不起来更多了。

强烈的眩晕感如同水波一样荡漾开来，连带着一种混乱的感觉传达到了我的脑海里。……有什么不对的？！我抬头看着坐在驾驶位置上的向隅，声音有点儿发颤："怎么——回事？"

"黑洞。"他的声音很冷静，冷静得让我感受到一种不真实感，然而望过去的时候那个人还依旧坐在那里，手中飞快地按着什么，"我们要从黑洞穿过去。"

"什么？！"我感觉要炸裂掉了，"从那鬼地方穿过去还会有命吗——"

他没有再说话了，飞船的屏幕上开始闪烁着红色的光，等等。

WARNING。

"你疯了吗？！"我突然瞥见船舱边有一块亮闪闪的东西，来不及反应就冲了过去，透明的，像玻璃一样凉凉滑滑的物质……

透过它，飞船外的宇宙一览无余。

璀璨的星河、与我们擦肩而过的行星、飞速掠过的陨石等都看得清清楚楚。但令我感到恐惧的罪魁祸首就在不远的前方。

已经不是我们在加速冲向它了。

仿佛一扇预告着死亡的传送门，隐隐约约间黑洞似乎旋转了起来。

我脑中一片空白，晕眩感越来越强烈了，脑子像是被狠狠地挤到一起一样，剧烈的疼痛从几乎麻木的神经传了过来。

"咔"，终于有什么东西不堪重负地碎了。紧紧桎梏着记忆的东西一下子被去掉，我还来不及松一口气，记忆轰的一下涌入脑海，我感觉十分痛苦。

全想起来了。全想起来了……

"林煦哥，这个零件怎么拼起来呢……"

"林煦哥，比这个更方便的方法是什么啊……"

"林煦哥……"

向隅的声音……一点一点传入我的脑海。我的心情有一点复杂，不敢抬头去看他的表情——那个给了我希望、又打碎它的孩子。

向隅是我捡到的，就在街道上，捡到的时候只有十岁。

那个时候他一身脏兮兮的，见到人首先眼圈要红一下才说话。

我心软，把他捡回了家，教他如何组装零件，如何编写程序。这是火星公民的常识，如果不会是不可能生存得下去的。

他也很聪明，一教就会。平常也很听话，经常用可怜兮兮的声音叫我"哥"。

后来向隅长大了，他还是这么叫我，虽然他已经成为同龄人中优秀的科学家。

"总有一天我要建一架飞船，只给我和林煦哥坐。"熟悉的声音在我的耳边响起，我忍不住微闭上了眼睛，叹了口气。

"嗯……就叫'瞬之'吧。"

但是我没有想到的是，就是这个孩子，这个我从他还小的时候就开始养起的孩子，背叛了我。

或者说，背叛了整个火星。

他作为科技连通的大使飞往木星，然后在中途，随身的激光灯出了故障，差点杀死了一个尚且年幼的小女孩。这在外交法中……相当于公然挑衅权威。

后来我们查了才发现，这不是什么意外。

这是向隅做的手脚。

他逃了，我因为收养了他被流放到了地球——一个未开发的科技落后的小星球，被消去记忆，抹去生活中所有的一切，故意淡化常识，摇身一变成了一个"土生土长的地球人"。

但是向隅回来了，找到了我，又想要把我的记忆找回来。

他做到了。眼前的黑洞就是证明。

我很低很低地叹了口气，只不过一个念头的工夫，承载着我的光罩就浮了起来。

对于瞬之的设想已经说过无数遍，早已烂熟于心。没想到，真的会有把它们付诸行动的那一天啊。

我悬浮在向隅身边，他僵了一下，但什么都没有说。我也没有说任何话，在另一个驾驶台前坐了下来。

前方不远处就是黑洞，我的心情已经平静得不能再平静。一切都过去了，不管向隅是不是背叛了我，此刻都已经不再重要。

我想要的，只是一个回答。

"我没有。"他说。

我没有。

没有。

没。

明明不应该相信的吧。

可我还是不由自主地开口："嗯。"

"那……不是我。"向隅的语气忽然变得激动了起来，"是假的……都是假的。那个人冒充了我，目的就是——"他顿住了，"——嫉妒。"

"啊！"我笑笑，侧过头看着他，心中却已经坦然了。

朝着黑洞冲进去的时候，四周闪了一下，又重归寂静。

仿佛只是茫茫宇宙中的一粒微小的尘埃罢了，仅仅一闪而逝。

叶开老师评：

飘茶这篇科幻小说《逆向》采用了一个逆推的方式来叙事，这个做法非常新颖。即"地球人"我捡了一个小孩子，结果慢慢发现，这个小孩子是来自外星，是一个特殊的火星人向隅，而"我"也慢慢回忆起自己叫作"林煦"，在火星的时候，捡到了"向隅"，然后将他抚养大。然而成为科学家之后的向隅在前往木星时，因为激光器故障差点杀死一个小女孩，而"公然挑衅权威"逃走了，而"我"被流放到地球。这个故事，整体是这样的，只是，逃亡的向隅突然出现在地球，找到了林煦，然后告诉他说，"我没有。"

我们重新思考一下这篇作品的关键点：

第一，向隅那个激光器故障差点杀死小女孩"公然挑衅权威"到底是怎样的，要写得更清楚一点。为何差点杀死就挑衅权威，就要逃走呢？一般来说，要犯下不可挽回的大错（杀人，背叛等），才可能逃走。

第二，"我"被流放到地球，中间应该是有个"抹掉记忆"的程序，也要写出来，才显得更加"硬科幻"。

第三，向隅为什么回来了？他先前逃到哪里去了？他回来找林煦到底是为什么？他如何让飞船闯过黑洞？

第四，那个"冒充"向隅的人是谁？为何要冒充他？

第五，他接下来有什么计划？如何找到那个假冒者？如何为自己洗刷罪名？

这些问题，恐怕你要想想清楚。写透了，会更棒。

11 天使的谋杀

星雨亦（唐华景） 四年级

"幽谷号"飞船从深深的凹坑浮出，泛着银辉，嗖嗖，轻轻地飘向地球。

我可以去地球了！我是一个火星人，来自火星的最北端：印迪莫阿。

火星上有空气，有水源，夕阳是美丽的淡蓝色，非常漂亮。特别是印迪莫阿，位于北边，地形接近平原。可是，据说火星上生命稀少是因为对于多数物种来说，火星上没有足够的水分，空气质量不好，没有食物。其实不然。火星的第一层薄土下藏有对火星人来说足够的水，长有一种可食用的胶状物，胶状物净化了空气，因此我们总是生活在火星的深坑、地下。火星上的坑，是我们挖食物——波巴造成的。波巴是一种光滑的块茎，长在地面上，我们挖了深洞，它们就缓缓地长到坑里，缓缓地被引到地下。火星满地波巴，硬实却非常多汁。当一些奇形怪状的被称为"地球人类"的家伙来火星探测时，我们溜到地下，以为家园将被占领，哪知他们对可口的波巴视而不见，没发现我们，皱眉蹙额，似乎很难适应火星，又走了。

我们火星人长得和那些弱禁风、温文尔雅的地球人外形相似，却完全不一样。母亲说，由于火星条件比地球艰苦，我们的生理才不同于地球人。我们的肌肤是梦幻的银灰，头上有一对锋利小巧的犄角，嘴里有类似于野兽的虎牙，下半身是蛇身。我们用皮肤吸收空气中的水分，犄角是用来感测、记录、分析环境数据的，利牙可以轻松割破波巴坚厚的外皮，蛇身使我们能够飞一般地在坑坑洼洼的路面上滑行。我们看起来和地球人一样瘦，其实我们的身上全部是特殊肌肉，强健且可以储存营养，可以两个月不吃饭，不喝水。我算是火星人里比较漂亮的，眼睛深灰，长发犄角乌黑，蛇身雪白。

我坐在幽谷号上，遥望地球。蓝白绿花纹交错，蒙着一层银里透蓝的雾，圆满而美丽，在深色的宇宙里散出淡淡的光辉。相比之下，那黄黄的火星显得特别丑。

到了啊！清新的空气扑面而来，吸一口，觉得肺特别充盈满足，浑身舒坦，空气里还充满水分。火星上的空气相比地球真的太少，还需要用我的皮肤收存，现在，我自动收紧毛孔不吸气，否则岂不要炸了？啊！树！绿浪似的树！车子！房子！小店！河！我拼命环视，简直目不暇接。地球和母亲对我讲的一样，甚至更好。我闭上眼睛，用大脑把各种数据分析一下，对地球又了解了几分。

　　我小心翼翼地用头发掩住犄角，穿上长裙遮住蛇身，缓缓前行。地球真美！我转来转去看得不亦乐乎。那大棵大棵挺拔的树，那漂亮厚实的可爱房屋，那叮咚流淌的小河……我被迷住了。

　　一个美妇映入我的眼帘。脸颊雪白透出些许冷峻，俊俏的如水双眸，一头不羁的黑色长辫如野马的尾巴，鼻梁高挺笔直，薄薄的嘴唇勾起一抹傲慢，像极了一头美丽的野兽。她身形优美，穿着一身时尚女装。

　　美妇领着一个少年和一个少女。那少年脸孔和美妇同样洁白胜雪，一双微微上斜的俊美黑眼睛，鼻梁坚挺，乌黑的头发，紧闭的薄唇，显得十分高冷。少女一张白皙的瓜子脸，一头深色的长发如瀑布泻到腰间，一对漆黑的大眼睛像是两汪黑湖水，穿着粉色连衣裙，脸上露出调皮的笑容，一副小天使模样，惹人喜爱。

　　美妇横了我一眼，走过。少年斜了我一眼，走过。少女却跑到我面前，咯咯娇笑，用一种充满异国风情的口音说："这位姐姐长得好美！我很喜欢你呢。"我的犄角分析出她的意思，朝她微微一笑。少女歪着头，握住我的手笑道："姐姐，我们一起玩吧！"

　　"莞儿别闹。"少年眼睛一瞪，对少女说。莞儿嘻嘻一笑，对我说："姐姐，你听见他在说什么吗？我可没听见！"说完掩嘴轻笑，一双眼睛顽皮地瞟着少年。少年眉毛挑起几分愤怒，哼哼几声，嘴角勾起一抹冷笑。莞儿眼睛里尽是天真烂漫的神色，叽叽咯咯对我讲了一大串话，脸上带着纯洁孩子气的笑容。

　　"我们来玩追人游戏。来，姐姐，你来追我！"少女毫不在意少年的话，喊着，轻盈前奔。和她玩玩也并无大碍吧！我蛇身一扭，向她滑去。莞儿像个飞翔的小天使，轻快地逃到一片没人的空地上，拍手叫着："那是什么？"我抬头一看，喔，一只大狗。"我怕。"莞儿低声说，靠到我身上。突然，我眼前蓝光一闪，只觉得颈上一阵酥麻，浑身无力，蛇身也软了。我努力支撑，心里十分害怕。莞儿低声说："姐姐，你累了，歇歇吧！"她声音好像有魔力一样，我眼皮一沉，栽倒在地。

醒来以后，我发现我竟躺在一间结实得让我恼火的又黑又窄的牢房里！我的尖角利牙固然锋利，可也无法逃走。我觉得身上一阵疼痛，啊，我的手臂上连肉带皮一小块被撕去了，尾巴上的鳞也被刮了几片。我困惑极了，紧张极了。到底发生什么事了？

突然，房门开了，莞儿提着一盏灯进来了。她反手锁上门，又对我咯咯轻笑，说："我妈妈和哥哥是科学家，我将来也是。啊，我在第一次见到你时，就看到了你的尖牙和尾巴。我觉得有趣，用暗器把你打昏，哪知经我妈和哥哥研究，你难看的灰皮肤竟能吸收空气，你的头上还有布满神经的怪角，肌肉里可存营养。哈哈，真有意思。几个科学家发现，你和人相似，甚至智商也与人相同。你手上的皮肉和尾巴的鳞被细致检测，你的基因居然比人类优秀多了，哈哈，待会儿你就要被杀死解剖了，你的基因将为人类所用。害怕吗？"听着她叽叽咯咯清脆的笑声，我心里发毛，脊背凉森森的。

莞儿手中的灯透出金黄的光彩，她的脸被照亮了。莞儿一张雪白的脸此刻露出狂热之情，浮起兴奋的红晕，像只苹果，大眼睛灼灼发光，秀发微扬，显得无比俏丽。谁能想到在这迷人的脸孔下，是残忍的内心；清澈的眼睛里，藏着黑暗的灵魂。

莞儿低声说："没办法，科学是残酷的，我也得残酷，你死后，我们的科学研究会上一层楼。哈哈！"她放声欢笑。

她双足一点，轻跃到门口，开门欲走。

我不能等死！我拼尽全力一弹蛇身，滑过去，用蛇身狠狠缠住她。莞儿微微一笑，手一挥，一支碧色利箭射来。我忙向后一躺，总算躲过，一气之下把莞儿缠得更紧。莞儿骨节咔嚓轻响，即将被勒死。我低头看到那张清秀的脸庞，我犹豫了一下，松开蛇身。我一转身要走，突然感到犄角一麻，把什么东西弹开了，又传来一声惨呼。我扭头一看，莞儿倒了。我滑过去，见她躺在地上，颈上扎了一枚黑针，嘴角溢出鲜血，过了一阵闭上眼，显然中毒死了。莞儿投针想杀我，可针被犄角弹开，竟害死了自己。

我把她带血的嘴角擦干净，拔去那枚扎在她洁白脖颈上的黑针。莞儿静静地躺着，合着眼，美丽的睫毛覆在眼下，如雪的脸透出珊瑚之色，长发柔顺地"流"在地上，重新变得沉静纯洁美丽，像一个沉睡的小天使。可惜，她永远不会醒了。我叹口气，滑出小牢房，发出一串超声波。

一会儿，幽谷号飘然而至。我望着它，觉得无比亲切。上了飞船，回到火星，我轻轻跃下地，幽谷号沉入深坑等待下一个火星人的召唤。火星依旧是那么坚实，朴素，土黄，满地多汁的波巴，使我感到有了依靠，不再孤独。我继续在火星过着平静的生活，每天吃波巴，看火星特别的蓝夕阳，和其他火星人玩耍。偶尔，我会想起那个沉睡的美丽的小天使，和她天真烂漫的笑容。

叶开老师评：

　　唐华景这篇《天使的谋杀》写得太美妙了，我读了，感到一阵阵的欣喜，又时而感到一阵阵的紧张。你写火星的环境，以及火星人的生存模式，包括你独创的向下生长，非常坚硬但极其美味的"波巴"这种火星特有的植物，都极其有创意。而火星人的形态，也想得非常周到，他的皮肤可以储存空气，他的蛇身可以快速在火星地底穿行，他的犄角可以探测其他人的情绪。都很精彩。

　　"人"不一定都要长得像地球人，但是，在各类科幻中，我们看到的大多是双腿直立行走的类人生命，你设计成蛇身，多好！我们中国的上古神话中的祖先，伏羲和女娲这对兄妹，就是人头蛇身的。有人认为，"蛇身"这个符号，在苏美尔文明、古埃及文明里都出现过，非常像DNA的结构。所以，你的设定，具有远古的合理性。人类的凶狠和所谓科学家的那种缺乏人性和同情心的态度，你也写得超好。

　　不知道为何，我觉得远远超出了一个四年级的小学生的认识，在这个岁数，你简直太厉害了！

12　裂　缝

徐鸣泽　四年级

诅　咒

"嗨！"

"哎，岳桐，你怎么来了？"

"你要不要跟我们一起去野餐啊？在白山山顶野餐哦！我还带了蓝果子呢！"（蓝果子是我们火星特有的水果。）

"好啊！那，我爸爸也来。"

我和爸爸一路走上山顶，却不见他们。我心想：他们真是太不守约了！哎，可能还没到吧！

突然，身后的爸爸"哎哟"地叫了一声，我赶紧回过头，一看，不得了，山顶裂开了！爸爸掉进去了！

我赶紧握住爸爸的手，但是，那裂缝越来越大。

爸爸喊道："你快走吧！快走！这儿危险！"

"不！我不能丢下你不管！"

"你回去吧！别也掉下去了……"

我拼命拉住爸爸的手，不让他掉下去。

"嘿嘿，你这样是没用的。"有人冷笑着说。

我一惊，回头看，竟是岳桐！

"你！你！你！这不可能！"

"有什么不可能的？我就是罪魁祸首！哈哈！你看看我到底是谁！"

慢慢地，岳桐的身子变成了棕色，眼镜变成了红色，头上长出了角……竟是一只"红眼怪"！

"你，你为什么要这样做？！"

"为什么要这样做？哈！"他突然停下来了，"你知道你是谁吗？你是来自天堂的公主！"

"什么？！我，这，这，我？脑子进水了？胡说八道！这不可能！绝对不可能！"

"哼，有什么不不不的！哈哈哈，记得我当时犯了杀人之罪，被上帝杀死，灵魂却进了地狱成了魔王，哈哈哈！我来复仇了！但是我现在没有能力杀死上帝，只有拥有来自天堂之神的血，才可以让我有足够的能力杀死上帝。你既然是上帝的女儿，那么你也是神了，哈哈！如今找到你，真是太好了！"

他慢慢地靠近，突然左手伸出，抓住我的手，往后一拽，我的手松了……"爸爸！爸爸！"

但他永远，永远地掉下去了……

岳桐嘿嘿地冷笑道："嘿嘿！你还叫他爸爸？那既然这样，我就永远地诅咒他！永远不会从这里出来！除非，你能找到办法！哈哈！哈哈！哈哈……"

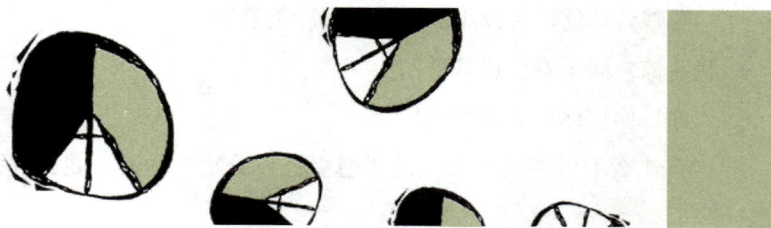

我呆呆地坐在那里，嘴里还念叨着："爸爸，爸爸，不要走……"

"好啊，来自天堂的、神圣的、伟大的、美丽的、善良的公主，咱们这就来比试比试！"

他第一拳直往我胸口打去，我闪身一躲，险些被他打倒，我一直都在自守，不能开打。我暗道不好，要是一直这样下去的话，恐怕打一辈子都打不完，只好勉强开打。但没几个回合，我就被打倒在地上，口中慢慢流出一条细细的血丝……

岳桐冷笑道："嘿嘿，现在我才知道，天堂的公主，也不过如此嘛。嗯，让我看看，你流出的那道血丝，大概，可以让我的功力翻，翻……两倍。唔，也不错了吧！"

他慢慢地靠近，就在那一刻，我突然跳了起来，双拳推出直逼他的胸口。"啊！"他叫道，然后，摔在了地上。我高声尖笑了起来。

"嘿嘿嘿！哈哈哈！现在我才知道，地狱的魔王，也不过就如此嘛！"

"好啊！你！你！你！我！一！定！会！回！来！报！仇！的！"

说着狠狠地瞪了我一眼，一瘸一拐地走了……

森林里的小屋

我坐了起来，慢慢地走啊走，噫！前面有一片森林！咦？我怎么以前都不知道这有一个森林呢？

我顺着一条小径走去，前面是一个木头小屋，我敲了敲门，里面出来了一个老太太。

她见我愁眉苦脸，问道："哎，有什么心事啊？"

我跟她讲了我爸爸的不幸，没想到她竟然轻松地说："没事，我有办法！"

我大喜，赶忙问她："有吗？有吗？！什么办法？"

她说："有啊，这是一种药，叫'灵力丸'。但这种药只在地球才有，只可惜地球人不会用，只知道用它来'除毒'。但其实你只需蘸一点粉末，放到裂缝里就行了，这可是除邪的哦！但是你需要到一处叫'明故宫'的宫殿里找这药，嘻嘻，因为啊，只有六百多年的'灵力丸'，才会有用。哈哈，我可能都比地球人对明故宫知道得多呢！你进去了以后右拐，然后有一扇门，你推开以后，在一个角落里，有一个机关，按一下，地上就会出现一个地道，你进去，前面出现了三个分岔口，记住！一定一定要走中间的一条，否则后果不堪设想。因为右边一条是魔鬼路，左边一条是夺魂路。所以，千万千万要走中间的一条。你继续往前走，前面有一个石狮子，它会张口问你：'兄弟四人共一胎，自从出生就分开。甲乙丙丁楼中火，丙寅丁戊上天台。是什么？打一谜语。'你就说瓦，它自然就会让开。前面是一个死胡同，你仔细找，在最低一排你会找到一块跟其他都不一样的砖，一推，里面就是药了！但如果推错了……你将会葬身于明故宫……"

我专心地听着，却没注意到，旁边一个黑影闪了过去……

地球之旅

我足足花了六个小时来收拾行李，还特地跑到了一家商店里买了一本《地球生存解说》，再在一个服装店花了199元买了一套西装。哎哟，累死了！终于！终于！可以出发了！

经过七个多月的飞行，终于到地球啦！好开心哦！我决定，先填饱肚子，然后，马上就去找药。

哇！我看到了一家餐馆，我兴奋地跑过去点了一份青菜牛肉面。啊呸！好好好好好好难吃！

唔，我又到了另一家点心店买了一个蛋糕吃，啊呸呸呸呸！太难吃了！

哎哎哎，只好饿着肚子，心想：这地球的食物我可是指望不上的了，还是自己去找吃的吧！

我钻到一个树丛里，心想：哎，要是能吃"炸书页"就好了！

突然我看到一只青蛙跳来跳去，我大喜，一把抓住，张口就吃。

　　好好吃啊！我又抓了几只，开始大吃大喝。不一会，我填饱了肚子，出发啦！

　　我一路走一路问，终于到了明故宫，我跑了进去，右拐，打开了门，我立马满屋子找机关。

　　哈！在这啊！我一按，吱嘎一声，地穴的门开了。我走了进去，来到三个岔口，我鼓起勇气，走进了中间的一条……

　　哇，果然面前有一只石狮子，它一见我就张口说："兄弟四人共一胎，自从出生就分开。甲乙丙丁楼中火，丙寅丁戊上天台。打一谜语。""瓦！"我答道。"对了！"石狮子就此让开了。

　　啊！让我惊讶的是，石狮子后面，已经有一个人了！那个人正在查看最低排的砖头！那人抬头一看到我，大吼一声直冲我撞来，啊！竟然是岳桐！

　　"岳桐！你！你！"

　　"哼，对，就是我！"

　　"你怎、怎么在，在，这里？"

　　"笨蛋！你就没有想到我就在旁边偷听你们说话吗？"

　　"你！是你，你！"

"是啊，是我，今天我就要置你于死地！哈哈！我，来报仇了！"

说着，他不管三七二十一上来就打。

他左腿踢出，我攻他右腿，不料他右腿一抬，躲过了我的那一拳，还反踢了我一脚！我双腿一蹬，临空一踏，但他哈哈一笑侧身躲过了我的一脚，他双拳打出，击中了我的胸口……我飞了出去，撞在了地上。岳桐慢慢逼近……我突然想到了从火星上带来的防身武器：金针。我坚持住最后一点力气，从口袋里拿出了一把涂满剧毒的金针。站了起来。往空中在不同的方位一撒，一只金针不偏不倚地钉在了岳桐的小腹上……

"啊！"然后他就慢慢地倒了下去……

耶耶耶！成功了！真想回火星开一个Party庆祝一下！

我走近那墙边，蹲了下来，仔细地看了看底排的砖头，唔，好难找，找了半天，还是没找到，我急了，心想爸爸可不要等得急了啊，我勉强心神一定，开始很仔细很仔细地找了起来，哇哈！终于！找到啦！我兴奋地一推，一个小小的药瓶就露了出来，我紧紧地握住了那个小药瓶……

成功了！终于成功了！我好高兴。想到爸爸就要得救了，那握住小药瓶的手，不由得握得更紧了。

黄昏，正在来临……

叶开老师评：

　　徐鸣泽总有奇思妙想。

　　火星的裂隙和"红眼怪"岳桐的诅咒，让爸爸落入了深渊，然而，如果能到地球寻找到六百年前的"灵力丸"，就能解除"红眼怪"岳桐的诅咒。"红眼怪"是不是得了红眼病的意思？岳桐这家伙，为什么要陷害"爸爸"？给我一个理由吧。不管怎么说，为了救爸爸，我们的主人公就必须赶往地球中国南京明故宫了。你写的那个"瓦"的谜语超级好玩，我很喜欢。岳桐这家伙，到底是谁？你们班同学吗？怎么这么不经打？你不会武功也把他打败了，难道他是雷氏太极的传人？哈哈！这个为什么打败他，还是要稍微做些说明才好，不然就太随心所欲啦。

13 蓝色地球

刘紫仪　四年级

木元2000年，我出生在太阳系之木卫二星上，名字暂定为Yez。在我们的木卫二星球上，整个星球五彩缤纷，你们都认为木卫二很干涸枯燥吧？错了，它在我们眼中是温暖的家园。从星球的表面来看木卫二感觉就像一颗凌乱的绒线球，被整理后露出发光的银白色。

"银白色！这样介绍也太草率了吧！"妈妈大叫起来，"Yez，说真的，我不喜欢你这样子说，我们星球就这一点特点？"

听到妈妈这样说，我连忙说道："不是的，妈妈，前面不要介绍那么多，那么多怕读者会厌倦的，再说，老师没要求木卫二要好好介绍啊。"

"这还差不多。"妈妈说。

"天天待在木卫二好无聊啊！不如去太阳系中其他星球上旅行吧！"爸爸说。

"赞成！"我和妈妈异口同声道。

"去哪儿？"妈妈问。

"没有什么可以比得上用巨型红外扫描探测仪来搜索更好的了。"我兴奋地说，"去一个有森林、小河、草地，最好有无数好吃好玩的地方。"

"好！"爸爸妈妈一起说道。我立刻打开红外扫描探测仪在整个太阳系里慢慢搜索着……

"找到了！一个叫地球的星球！"我大喊道。

"地球？"爸爸问，"什么是地球？"

我边看边介绍说："地球是一个无比美丽的星球，那上面有高山、大海、森林、湖泊，有游乐场、马戏团、动物园……有各种好吃的！"

"正好。"妈妈高兴极了。

目标锁定地球，探测仪显示我们木卫二距离地球有598，391，480公里，按照太阳系交通法则规定，必须使用第二宇宙速度，也就是我们的飞船每秒不能超过12公里，地球上的时间为1年365天，每天24小时，每小时60分钟，每分钟60秒……我们的飞船到达地球需要1.58年。

我们准备立即动身，选择光动飞船木卫伴侣0号，"三个手印！"我们把手纹放在飞船门禁扫描仪上扫描通过，"三把钥匙！"我们把钥匙插入启动开关口。嗡嗡嗡，飞船启动了，嗖的一声，我们已经进入茫茫的太空里了。

呜——我驾驶着光动飞船0号，嗞——爸爸负责观察仪器，哗——妈妈在做饭。

"汪！汪！"我们家的木卫二小狗——埃尼尔拉大叫着。

"别吵，埃尼尔拉！"我说，突然埃尼尔拉用爪子指向前方，那种眼神看起来太可怕了。我扭头一看，哇啊！前面是一个超大号陨石，看上去就要和我们的飞船撞上了！我脚猛地用力一踩，竟然踩到加速踏板了，整个飞船里一片尖叫，我连忙一个急转弯，爸爸妈妈和埃尼尔拉摔了个四脚朝天，这时，我用手刹住了飞船，呼！埃尼尔拉的爪子踩上了一个按钮，结果飞船向左边倾斜过去，那是飞船加速器啊，嗖——飞船速度比刚才更快了，天啊！我们闯了太空红灯！"呜咦呜咦！"完了，有两个长着八撇小胡子的太空巡警冲了过来，看样子两个人就像孪生兄弟一样，其中一个开口道："确切地说，有我汤姆森你们跑不远！"另一个说："你走不远，也不看看我是谁，我是汤普森！"

"真是对不起，你们的介绍对于我来说没有用！"我大喊着，开得更快了。

"我们以上帝的名义命令你停下！"汤普森大叫道。我们马上就要进入地球上空的大气层了，就可以甩掉这两个笨蛋了。我按下了透气层按钮，穿入了大气层。谁知道那两个笨蛋警察忘记按下按钮，一下子撞上了大气层……

终于进入地球大气层了。

地球好大呀！去哪儿好呢？呵！通过扫描，我们看到了一个名字叫中国的地方，我想这个国家的景色一定非常美，这时气味探测仪发出强烈警报，显示这个国家是地球上美味食物最丰盛的地方。我启动飞船朝着目的地飞去，到达中国上空后，眼睛从飞船上几乎看不清地面，《木卫百科丛书》里说到地球上的中国有很多著名景点，如长城、黄河、长江、黄山、东方明珠塔……仿佛都消失不见了，我赶紧打开红外扫描探测仪，屏幕上都是红彤彤一片，仪器继续扫描分析！正在分析中……什么？这个叫雾霾？分析完整报告出来了：雾霾是由空气中的灰尘、硫酸、有机碳氢化合物、重金属等粒子组成的……对人体有害的有毒物质达20多种，包括酸、碱、盐、胺酚……

雾霾吸多了会让人死亡！看来下面的人过得不怎么好啊！我们必须想办法解救他们。我们还是找一个空气干净新鲜的地方降落再说。

"仪器继续扫描，哇哈哈！"嗞——嗞——找到了！在中国的西南面有一个叫雷州半岛的坡脊小镇，很适合我们的飞船降落，那里没有雾霾。嗖——不到4分钟我们就到了，找到了一块大空地，四下没人。开始下降，我拉下操作杆，嗡嗡嗡——呼——成功降落了！耶！

嗯，在坡脊小镇这儿有一片小森林，从外表来看，应该是荔枝树。危险，我看见一个男孩正在往荔枝树上爬着，他抓到树上最大一串荔枝，"好耶！"那男孩大喊着，话音未落，只听到一声惨叫，原来是那一大串荔枝旁边还挂着一个马蜂窝，他光顾着摘荔枝没有看到，妈妈咪呀，那一窝马蜂全朝着他脑袋恶狠狠地扑去，他两手一松从树上掉了下来，一边翻滚一边拍打马蜂，可怜的人儿，当他站起来

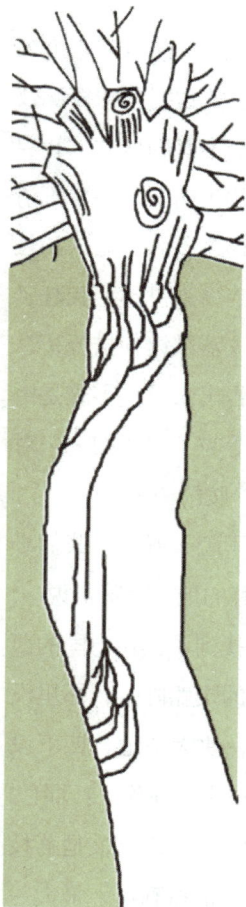

时，已经被马蜂叮得一头大包，还滚了一身牛粪，噗噗嘻嘻哈哈……

他偷偷地向四下瞄了一眼，看到没人，一溜烟跑了。

我开始设计拯救方案，要知道在我们木卫二上，可是从来没有遇到这样的案例，雾霾更是闻所未闻，嗞——嗞——嗞，我的大脑在飞快地转动，手指在键盘上噼里啪啦地敲打着，显示器上各种代码滚动~#E@!%%$#@~!……嗯？他们地球人不是有吸尘器吗？！用吸尘器专门吸掉空气中的金属颗粒和其他有毒尘埃不就好了？我找来地球人生产最大功率的吸尘器，呜——呜——呜——一圈吸下来，什么嘛！回收桶里什么也没有！呵呵，他们地球人设计的东西真不可靠！哦！我想起来了，这里的小镇空气很好，根本就没有雾霾啊！根据我们飞船上的仪器分析，要想把整个中国上空的雾霾全部吸干净，那就需要一个把整个国家上空都包在里面的吸尘器，电脑很快根据我的指令打印出来一张图纸，我给它取了一个名字叫超级无敌空气净化器。下一步就是找一个科技最发达的超级城市来实验我的装置是否可靠有效，嘀嘀，电脑马上扫描定位到一座叫上海的国际大都市，目标锁定上海，立即启动飞船出发！

到了上海上空，我按下一个按钮，飞船立刻处于隐身状态，因为他们从来就没有见过飞船和我们木卫人，我担心会引起他们的恐慌和混乱。

在我的隐身空中实验室里，我开始使用超级隐身材料来设计生产超级无敌空气净化器，根据我的设计，它不仅可以隐身，还能随时折叠起来，过了两天，机器终于完工！

我和爸爸妈妈一起小心翼翼地把超级无敌空气净化器拿出实验室，慢慢地向空中释放，我心里明白，一定要慢慢来，不要急，出错就是死亡……

"咔嚓"行了！整个机器全部打开到位，终于成功！"嗡嗡嗡"我按下机器的一个启动开关，"呼——"瞬间一道巨大的黄乎乎黑漆漆的雾霾带向机器钻了进去，嘿嘿，机器后面出风口吐出来的空气无比新鲜美味，渐渐地飘向整个上海，整个中国……

我们一家决定在这里长久住下去，等我们吃遍中国所有的美食再返回我们的木卫二。

呵呵，不知道那个坡脊男孩和两个笨蛋警察现在怎么样了！

叶开老师评：

刘紫仪这篇《地球旅行记》写得太好玩了！尤其是，哼哼，咳咳！先说后面吧，飞船降落在雷州半岛坡脊镇，看到一个小男孩在爬荔枝树，被马蜂蜇了。这个融入，简直天衣无缝。前面因为飞船遇到了大陨石（也许在太空中叫作小行星更科学？），不小心踩了加速，在太空中"闯了红灯"，超过了每秒12公里的限定，而引来了《丁丁历险记》里的汤姆森和汤普森这对活宝警察兄弟，我觉得也好极了，而且这两位活宝警察竟然还高速闯入地球的大气层，估计头发都烧没了吧。哈哈。木卫二和地球距离，你写得很详细，然后准确计算出，以规定速度旅行到地球需要1.58年——这么长时间，你们在飞船里吃什么好吃的呢？木卫二的人都吃啥？这个，就是"硬科幻"。

啊，哈哈。有数据，有材料，就是很有说服力。硬科幻，就是你的表达符合逻辑，有说服力。到地球了，你采用了"雾霾"这个元素，写得非常生动，尤其是发明了"超级无敌空气净化器"，隐身在上海上空，净化了空气，"吐出来的空气无比新鲜美味"，这个太赞了。吃货的本性，在后面暴露无遗，哈哈。不过，既然都干了一件净化地球空气的超级大好事，中国应该给你们免费券，随便吃才对。就像当年唐明皇给李白免费券随便吃一样（传说，哈哈）。紫仪你老爸给你起了很好的名字。刘紫仪，结构和声音组合，都很好。

这篇作品，写得真的超级好，你的进步一日千里，不对，1秒12公里啊。热烈祝贺！

14 我和西塔

周子元　五年级

审　判

"摩欧蓝西塔，你可愿意接受去地球的处罚？"

"执政官，我做得没错。我如果不帮助那个地球人与他们的飞船对接，他会没命的。"

"可是你这样做，会把我们暴露给地球人的。"

"我只是轻轻地推了他一下，故意没让他顺利对接。您没看最后飞船里的人用了那么长的绳子费了半天劲才把他救回去吗？根本就不可能想到有人帮忙。"

"可是他们有卫星在监视火星，你贸然行动会被拍摄到的。"

"我们的飞船有隐形防护罩，他们的卫星怎么可能看到？而

且我还到地面把他们留下的资料都取了回来，包括那个人种的那种叫'土豆'的东西。你们居然想让我去地球找超级植物，可以在现在的火星地表生长，那怎么可能呢？自从我们两万年前为了击退侵略的外星人，使用了禁忌的歼星弹，虽然打败了外星人，但是我们星球也被熊熊大火毁灭了，只有极少的人躲到地下的末日堡垒中。现在我们的大气有95%都是二氧化碳，水都藏在地下深层，地表都是沙漠，经常有沙暴，冬天零下140摄氏度，只有夏天的温度有20多摄氏度可以供生长植物。没有植物能适应火星的冬天。"

"为了我们火星人的繁衍，必须找到那样的植物。现在我们躲在地下，条件越来越差，一共只有不到100人了。如果不能找到适应火星表面的植物，把二氧化碳转化成氧气，改变火星的大气，再过300年，我们就会灭绝的。从地球人遗留的资料看，他们很可能是当时向太空逃亡的一支的后代，他们带走了火星的基因库。如果是那样，地球上就有可能有那种火星植物之王，百岁兰，它可以在干旱的土地中存活5年以上，在冬天可以休眠抵御严寒，只要把它带回来，我们就有救了。"

"执政官，您早说要我拯救火星不就得了，非要说什么惩罚我。我要怎么去拿百岁兰？是不是集体出去，用我们最强大的星舰，命令地球人交出来？想想就威风，快把指令给我吧。"

"不行，绝对不行。你只能自己驾驶一艘隐形飞船去找到百岁兰。从地球上那个叫黑衣人的资料片来看，他们的技术很高，黑衣人的激光武器都可以打死外星人。我不明白的是，地球上怎么会有那么多外星人，还都听从黑衣人的指挥，怎么咱们找到的外星人就是想着侵略咱们呢？难道地球已经强大到可以命令外星人了吗？可是他们来火星探测的飞船怎么又那么简陋，来火星要飞好几年，给你的小飞船只要一个多月就可以到地球了，希望你能半年之内回来。就这么决定了。"

"执政官，我谋略考试都没及格呀，您给我一个方案吧，或者派一队武者跟我一起……"

"不行，你一个人去才可能不被发现，记住，一定不要和地球人接触，不要吃地球的食物，不要……"

一个奇怪的人

端午的晚上，我正在把院子里违规停放的共享单车挪出院子，只见远处的天边一道流星划过。真是奇怪。

一个高高大大的外国人从远处走过来，不知道是不是我的眼花了，他的皮肤居然有点发红。我以为他是我们院里租房的外国人，可是他却不进院。经常有老外不会租车骑，我就跟他打招呼告诉他要用手机先下APP，谁知道他也不拿出手机，就看着我操作。一会他居然告诉了我那辆车的密码。我非常感兴趣，就跟他聊了起来。他说他叫西塔，说话腔调怪怪的，我问他怎么猜出密码的，他说什么应用于简易事件的两次模糊光量子运算的叠加概率可以达到99%，我完全听不懂。西塔还说了很多莫名其妙的话，比如没注意大气密度、防护罩能量差点不够之类的。

后来他问我哪有百岁兰。我以为那是兰花的一种，就跟他说要去花卉市场找。我带着他来到了附近的市场，找了几个卖兰花的。按照外国人的说法，那个百岁兰有8米粗，2米多高，卖花的人都说从没听那么大的兰花，就真能活一百年也长不了那么大，而且百年的兰花，肯定是天价。

外国人听了很失望，我突然想到，我可以上网查一下呀。一查才知道，百岁兰是长在非洲沙漠中的，但是快要灭绝了，因为它的种子容易被真菌感染，能发芽的还不到万分之一，而且因为它的根特别长，特别容易断，根本不能移植。

我把消息告诉了西塔，他高高兴兴地走了。

没几天，我放学后在院外摆车，西塔又垂头丧气地出现了。原来他在安哥拉找到了百岁兰，但那是安哥拉的国花，全国只有皇宫里还有唯一的一棵。他费尽心机，用了各种方法，才得到了一颗种子，但经过分析，这颗种子已经被真菌感染了。

我们正说话的时候，一个穿黑色西装、戴墨镜的高个男子路过。西塔动作敏捷地一下子钻进树丛躲了起来，直到那人走了才脸色苍白地爬出来。

我问他怎么了，他上气不接下气地说："地球怎么这么多黑衣人呀？特别是皇宫里全都是，为了不被他们发现，我可连光子镜像仪都用上了。"我跟他说："黑西装多帅呀，我爸爸也有一件，而且那是保镖的标准着装，你为什么要怕穿黑衣的人呢？"西塔说："你不知道黑衣人那个资料片吗？他们都非常厉害的，一眼能看穿外星人。"

我听了哈哈大笑："你把科幻电影当真啦？那是想象啦，地球上还没有官方认定的外星人呢，外星人长什么样都不知道。"西塔半信半疑："你不可能知道实情的，黑衣人不是把知情人都消除记忆了吗？我们才刚研究出这种利用高能光子与脑神经元共振消除生物存储信息的技术。"

我也不知道他在说些什么，见他还在为百岁兰发愁，突然想到科学课上学过一种奇特的猴面包树，也叫瓶子树，也长在非洲沙漠中，跟百岁兰比较相似，它能存储2吨水，缺水的时候叶子自动脱落，关键是全世界哪都有。我跟西塔一说，他又开始胡言乱语了，什么基因重组之类的，好像是他的问题有解决方法了。

最后，他给了我一张纸说："这是模糊光量子运算的叠加运算公式，你研究明白了，就能计算密码，还能知道什么时候能再见到我。"说完，他就走了，消失在了路口。纸片上是一些奇怪的符号，我看不明白，但是解出密码对我来说太诱惑了。回到家我还在翻来覆去地研究。妈妈问我是什么，我告诉了她。她却不太相信的样子，最后说："我看你很喜欢数学，正好有个奥数班，今晚我就交钱。"

真希望奥数能帮我学会这个解密码的方法呀！

叶开老师评：

周子元的这个设定很有创意，火星人击败入侵外星人之后，也因为使用了毁灭武器，而把火星的环境破坏了，这样，火星人虽然科技先进，却只剩下了100人不到。这个构思分成两个部分：第一部分，是火星人讨论寻找百岁兰的问题，并且得出结论说有一支火星人后裔可能逃往地球，生存下来了；第二部分，是担负了盗取百岁兰人物的火星特务，来到了地球，碰到了西塔，然后，运回去了猴面包树。这两个部分，目前看来是有点分裂的，不太统一。我的疑问是，既然火星人科技那么发达，100人为何不搬到地球生活呢？这个很容易啊。另外，威尔·史密斯主演的《黑衣人》这个梗用在小说里，很有创意，但有些不了了之，也需要找个理由。或者，地球人不知道黑衣人和外星人，但是外星人很明白的，他如何证明给西塔看？除了那个模糊光量子运算叠加运算公式之外。

15 从天而降

周 阳 六年级

序

文明是比拼最顶尖的人才的。没有最顶尖的人才就没有发展。这将意味着死亡。

自从"阿波罗"系列的飞船登上月球，火星人就仓促地藏了起来。他们薄薄的大气层和全球的红色为他们提供了掩护。还有地球人的无知。

为了更好地保护自己，火星人必须做到在这个宇宙中消失——至少在太阳系。但是如果火星人有这么强大的力量，地球人或许已经不存在了。

像初期的地球一样，火星人也认为自己是宇宙中唯一的文明。

直到传奇人物阿摩司·阿比得的出现，才侦探到了地球文明。火星人曾发送了许许多多的信息，但无济于事。

但不要告诉我，地球文明比火星文明厉害很多！

欲 望

陨石行动，即火星人在火星纪元747年秋至749年春所做的攻击地球计划。其主要方法为用第二宇宙速度向地球发射大陨石，使地球撞击后毁灭的行动。由凯文·阿拉德主谋。

——《陨石的用途》信·杨小瑞

火星纪元748年（火星一年约等于地球两年）的一个夏日。

这是一块大陨石，上面用火星语写着"火星"二字。它被运到超级飞船发射场，对准地球准备发射。

一名记者来到了凯文身旁。他叫猩猩·郑，听说这个名字是他妈妈给他起的——火星人能起这样子的名字也是可以。不管如何，他是一个报社的独家记者。现在他就在采访凯文。

记者："请问，您是如何想到用陨石来攻击地球的？为什么您要攻击地球呢？"

凯文："这不是很简单的事吗？宇宙中的攻击手段，现知杀伤力最大的莫过于陨石。我们已经把陨石的大小正好调整到进入地球的大气层还有一半的体积。这会将地球击穿并毁灭。没了地球，我们再也不必躲躲藏藏了。还有就是，地球上的资源实在太丰富了。

我们无法得到的东西他们却可以享用。那不如把这个星球从世界中清除出去。"

这位记者悻悻然离开了。没有人看到他去了哪里。报社再也没有找到过他。

地球纪元公元2035年的一个秋日

喷教授是地球上应对外星势力的主任。为了他的光点，他愿投入他一生的时间。

> 光点，即用大气压强将大量物体压缩几千倍后的一个小物体，然后发射到宇宙中。一旦大气压强消失，压缩后的体积极小的物质便会迅速膨胀，发出耀眼的光芒，并形成超级保护层。
>
> ——《奇怪的光源》李二翀

为了降低地球的平均温度，喷教授准备用光点给地球造一把伞。问题的根源还是怎么回收这把伞，不然地球也许就再也照不到太阳了。

喷教授在这伟大的一天，终于发明了回收技术：用火焰弹烧掉这个伞。在地球上做过多次试验，都成功了。同时光点的残骸也能回收到地球，这样能节省许许多多的资源。

接下来就是如何发射了，发射后，地球的舒适度将会大大提高！

谋　杀

火星纪元749年3月。

在地球的南面，火星正准备发射陨石。

"成败在此一举！让地球在毫不知情的情况下死去吧！"凯文很激动。面对几亿个生灵的死亡，他没有丝毫的忏悔，他曾义正词严地控诉地球人浪费了资源，公然反对地球文明，要与其宣战。这时他却偷偷摸摸地偷袭地球。风把他的头发吹乱了，不过他丝毫不在意。

凯文在大厅里焦急地走来走去，看着怀表，等待那一刻的到来。陨石已经到位，发射的助燃剂已经填充完毕，计算过无数遍的数据再次核对，陨石的大小正在做最后的微调———一切都是井井有条，死神对地球已经伸出了拳头。

而地球浑然不觉。

"倒计时！3！2！1！发射！火星纪元749年3月2日凌晨5时30分28秒57毫秒！"陨石随着一声声铿锵有力的声音飞了出去，朝着那茫茫宇宙发射……

"陨石正在飞过火星大气层！离地230千米！"

"离地350千米！"

"进入预定轨道！"

"陨石发射成功！"

全场一片欢腾，他们认为，地球的末日不远了。巨大的陨石以第二宇宙速度的1.036倍飞向地球。它被太阳的引力捕捉后快速向地球撞去。

火星人原计划让陨石变成一个锤子，侧面撞击地球。但计划失败了。陨石和火星失去了联系，一头撞到一大团星云上。

那团星云是三秒前形成的。

所有火星人大呼："怎么可能？"

星云是由星际空间的气体和尘埃结合成的云雾状天体。据计算，瞬间形成一片星云需要高达几万种不同因素，所以其瞬间形成的概率为0.0000729%~0.0000804%之间，是宇宙瞬间形成物体概率中第三低的。

——《瞬间形成！可能不可能？》龚号·古里

地球纪元2036年冬。

发现有陨石向地球飞来，喷教授没有计算它对地球可能的破坏程度，马上发射了光点。他用大气压强发射器向地球南面发射了两颗光点。马上陨石就看不见了，取而代之的是一大团乌云。

在这期间，喷教授估算了那个陨石的可破坏程度，发现它能毁灭地球时，喷教授没有慌张，而是冷静地计算它的轨道，发现是火星发射的。

"这是谋杀！"向来镇静的喷教授一脚深一脚浅地向外跑去，声嘶力竭地大喊。

虽然喷教授有擅自进入国会大厅的权利，但地球人看到喷教授披头散发，连拐杖都不拿，重重地打开国会的门时还是吓了一跳。喷教授一屁股坐在地上，又大喊了一遍："活性忍谋杀窝们！活性忍谋杀窝们！"就倒在地上体力不支了。让一个老人跑四百米是多么艰难。

国会的人不约而同站了起来，有人跑到喷教授身旁使劲摇他。有人大叫："120！120！"直到主席大叫："安静！"大家才安静下来。

地球人终究还是发现了火星人的存在——是火星人自找的。

既生瑜，何生亮？

火星人自从陨石失踪，并观测到星云形成后就一直计划逃离，但是技术碰到了不可逾越的关卡，不能100%地隐藏起全部的话，带来的就是灭族。

地球人到了，这是火星纪元749年冬。

地球纪元2037年夏。

两个文明，在火星上进行了最后的殊死搏斗。

"报告司令！未发现地球叛军踪迹！"

"报告司令！火星岭2点方向有敌人踪影！"

这场战斗中，火星人占有地形优势。

然而这并不是全部——地球强大的武器令火星人胆战心惊。人才创造出顶尖的技术，而人才越多，文明越强盛。

这是<u>丛林法则第一理论</u>。

地球用红外射线扫过整个火星——几万个人同时扫。顷刻间火星人的优势化为乌有，顺便还把火星人的位置扫了出来。

火星人当机立断：除了和地球人决一死战，别无他法。

一个璀璨而血腥的红色信号弹飞到天上，炸裂了。和地球人唯一的战场上，火星人倾巢出动。成年的拿着炸弹，要不就是枪或射线炮——这确实给高科技的地球造成了一定心理压力。地球人一惊，马上拿出了大炮。不过火星人抢先一步！火焰弹从火星人的枪里射出来，点燃了地球人的衣服。不过地球人用冷冻枪调到最高温度，往身上扫了扫就没事了；火星人想用高温射线扫射地球军队，不过却被光点挡住了。

"'最强护盾'在此！谁打得倒我们？"

火星的偌大气压强能让光点低倍率展开，正好挡住了射线。

与此同时，从光点形成的星云后射来了一道道红光！

原来地球人自认为一条命比火星人的一条命值钱多了，所以都懒得与其拼命。他们后退一步，用冻结光线一扫，接着拿着高能射线炮一个个给他们画上生命最后的句号。

冷冻光线和高能射线炮是地球人喷建忠教授发明的人类已知能穿透星云的光线。它们两个都是红色，是最能穿透云的颜色；加之超级发射器。为了达到精确狙杀敌人首领的效果，它们两个还配备有微型红外线扫描仪，能精确看出敌人的位置。不过通常来说扫射也许是更加棒的方法。

——《地球人现代十大实用发明》荣培根·毕

只不过，地球人的怜悯让他们酿成了大错。

他们留下了一个婴儿——还在床上睡着的。他们不忍心消灭他，把他当成战利品带回了地球。

从此，火星文明到此宣告终结。它的存在如同短短的一颗流星划过，不留一丝痕迹——除了那个火星孩子。

那就是我。

既然生下了喷教授，抵挡了火星的陨石攻击，那何必再孕育我，跟地球人开一个终极玩笑呢？

火星人把宝押在我手上。据他们所知，地球人无缘无故的同情常常会搞砸许多事。所以他们要给地球人一个印象，我是最后一个无辜的孩子。希望他们把我留下来，同时把毁灭地球文明的钥匙留下来，找一个时机，好好利用。

这个东西，是氨。

当时火星人的总司令想：如果我们出去，地球人的科技比我们发达好多，我们必死无疑。如果实施这样的骗招，也许能成功。

他们给我一瓶氨。别小看这东西，地球人的身体里超过六成是水。而这玩意儿和水会发生反应，分泌出一种强酸性的物质。人体摄入一点点，也许就灵魂出窍了。

以下数学天才凯文的计算地球人中招的概率：

普通士兵：98%

司令官：70%

高阶人物：35%

数学家/人才：0%

人才决定这个文明的成败。

而我，是人才。

既然地球有这么好的技术，为什么还要被火星人暗算呢？

既然地球有这么多人才，为什么还要被火星人反杀呢？

既然地球有"周瑜"，为什么还要救出在火星奄奄一息的"诸葛亮"呢？

要知道，周瑜是被诸葛亮气死的。

地球人是被自己愚蠢的行为害死的。

太阳系唯一一个生命，安静地坐在火星上，等待一切终结。

叶开老师评：

周阳这篇作品的想象非常宏大，在火星和地球两方，都做了极其详尽的推演。火星方面，发射陨石略有些不太合理，不如在外太空捕捉小行星，改变它们的运行轨道，驱使它们撞击地球更合理。不过，从火星上发射，自然也是可以的，如果是出于火星文明的自我隐瞒，不是发射高能武器，而仅仅是陨石，则很有伪装性。另外，地球的喷教授的奇怪发明很多，包括能急速膨胀的光点，挡住了火星人的致命攻击。地球展开反攻，消灭了火星人之后，这场战争结束了。但是，且慢，还有"我"，火星的最后一个婴儿，被地球人带回了地球。然而，"我"却是致命的"武器"，可以运用"氨"来把地球人全都消灭。你的这个"黑暗"设定，很"黑"。不过，我总觉得，为何要把地球消灭呢？可不可以改造或者升级？这样或许更好。

16　小行星1098

莞若清风（龚莞清）　五年级

　　我是R-1（R-first），生活在小行星1098。我的家族是小行星1098上很有名的R家族，因为我是这一辈中的长女，所以叫作R-1。其实小行星1098是一个十分有趣的星球，面积不大，可是却盛产燃料，使邻近的小行星9081十分羡慕。我们的星球科技十分发达，上天入地早已不是梦影。可是我们一直在寻找除了我们小行星系外的其他高等生命。

　　在我20岁那年，A-11博士研制出了一个智能激光扫描仪，轰动了整个小行星1098，因为这台仪器可以超光速用一天扫描完半个宇宙，遇到有生命迹象的星系或独立星球，就会发出滴滴的提醒声，还可以掌握星球的具体境况，以便往来。我们第一个发现有生命迹象的星球是地球。地球上有丰富的生命资源，还有臭氧层保护，适宜居住，居民和我们星球的人外表很相似，也有很高超的科学技术。地球处于太阳系，卫星名叫月亮，离我们星球有十光年之远。科学社打算请两位志愿者到地球去看看。因为距离太远，飞船要通过虫洞跳转五十次才能到达，中途还需要在两个陌生的星球稍作停留，给飞船做维护，所以没几个人愿意冒这个险。可是我的好奇心在作祟，于是便去报了名。等我到了科学社，已经有一个年龄与我相仿的女孩在那里了，她有一双清澈的眼眸，小小的嘴唇红通通的。她很惊讶地问："你也是想去地球的人吗？"我笑笑，点了点头。我们俩都沉默了一会儿，那女孩说："我叫E-17，你呢？"

"我叫R-1，你们家有几个孩子啊？有17个？"

"我们家有23个孩子呢。嗯，如果后面没人来报名，那我们就算是同事了。"

等待了一个多小时之后，科学社的门开了，社长走了出来，我们忙站起身来，毕恭毕敬地行了个礼，科学社社长见了我们十分欢喜，因为我们正好两个人，不多不少。

登记过后，魔鬼训练开始了，要想上太空，虽然我们科技发达，但是也是要参加训练的。第一个项目是压力测试。压力测试

是把你放进一个玻璃容器里，里面空气稀薄，你要在里面坚持五分钟，也就是航天器发射入航轨的时间。我进入容器，三分钟后脸从脖子红到耳根，眼睛凸出并且布满血丝，到第四分钟时，我再也撑不住了，昏了过去。醒来后我发现我在医院，旁边的病床上躺着E-17，看来她也因撑不住而倒下了。科学社社长在房间里不停地徘徊，见我醒了，急忙走过来，笑笑，说："你醒了！看来你和所有航天员一样，第一次做压力测试时倒下了，你们恢复一天，明天再做一次压力测试。"

下午时我恢复得差不多了，便下床来到洗脸池旁，心想：压力测试的重点可能就是憋气吧，我现在已经可以坚持三分钟，那我就要再憋气两分钟就能过关了。于是我便在洗手池边放了满满一盆水，用智能手表闹好五分钟的铃，将脸轻轻沉入水中，一分钟过去了，三十秒又过去了，我实在忍不住了把头一扬，大口大口地喘着气。就这样练习了很长时间，终于，我能憋气达五分钟之久了。

第二天一早，我十分兴奋地来到科学社，自信满满地走入了压力容器，面不改色地待了五分钟，又从从容容地走出了容器，不幸的是，E-17没能撑住，又倒下了。经过一个月的魔鬼训练，我们终于能登上高高的航天器了，我十分激动，也充满了对未知世界的恐惧。临走时，我的家人留给我的最后一句话是："R-1，你是我们的骄傲！"

我们跳转了二十五个虫洞后，来到了我们的第一站——比翼星。飞船慢慢降落，当舱门打开时，我们都惊呆了，因为比翼星上布满了大大小小的宝石！我和E-17互看了一眼，异口同声地说：

"捡！"

我们从飞船上拖出几个集装箱，拖出了小型挖掘机，一箱一箱地捡，最后因为没有集装箱了，才就此罢休。晚上，我们回到飞船里，往窗外看，不禁吓了一大跳，原来宝石不见了，变成了一颗颗鸟蛋！这时，远处飞来一大群比翼鸟，我们这才明白过来，原来早上的那些宝石都是比翼鸟蛋！这还得了！这么多比翼鸟凶神恶煞般朝我们飞来，那我们还怎么离开这里？我们赶紧手忙脚乱地将集装箱里的鸟蛋通通倒了出来，灰溜溜地乘着飞船逃离了。顺便记录一下：此星球不宜居住！

第二天，我们又跳转了二十五个虫洞，来到了我们的第二站——星球870。我们一下飞船便被一个个小面团围住了，这些小面团个个都有五官和四肢，他们很热情地请我们参观他们的星球，我们答应了。小面团们先带我们来到了一池湖水边，只见湖水是棕色的，小面团们执意让我们喝一口，我们只好照办，低下头便有一股浓浓的牛肉汤味向我们袭来，哇！这绝对是我人生中喝过的最好喝的牛肉汤了！我抬头看了一眼，无意中竟发现池旁的柳树枝条都是用面条做的！再仔细一看，天哪，岸边所有美丽的花花草草都是用各种食材做的，瞧，这片康乃馨是用鸭肠弄成的，那片玫瑰园是用牡蛎装扮的，最前方的花台上还摆着一碗我最爱的牛肉面，这简直就是吃货的天堂啊！这个重大的发现，等我们回去一定要告诉科学社社长。

离开了星球870，我们终于来到了目的地——地球。穿过了大气层，降落到了一座城市的市中心。地球人都吓了一跳，纷纷大声尖叫，甚至有一些穿着制服的人端着低级机关枪等在舱口。"原来地球人的武器这么低级啊！"E-17边笑着对我说边扔给我一件全身式隐形防弹服和一把红黄蓝三头激光枪"防身用"。我也笑笑，说："有必要吗？"我穿上防弹服，点击了开舱按钮，只见有好多拿着

话筒和摄像机的人，这是什么情况？我大声说："hi，地球人！我们来自小行星1098，我们只是拜访者，大家不要误会。"一个看上去地位很高的男子站了出来，说："我是科研中心的部长，请你们不要主动攻击我们，跟着我到科研中心去把你们来地球的目的说清楚，谢谢。"我随意地把激光枪往肩上一扛挥挥手示意E-17跟着我来，纵身跳下飞船的旋梯，锁上门，那一群拿着话筒和摄像机的人也都跟了上来。

　　我们跟随着那个男子来到一个散发着古怪味道的房间里，里面有许多拿着机关枪的人，还没等我反应过来，两个强壮的男子便把我们按倒在两把椅子上，抽走了激光枪，并且在椅子上拴上了锁，用枪口抵着我们的脖子。哼，自以为是的地球人。还没来得及让我拔出我的防身熔岩枪，那个自称为科研中心部长的人把脸皮一拉，我差点没叫出声来，这不是小行星9081的科学社社长——W-4吗？原来他们知道了我们的计划，模仿我们的科技，先一步来到地球并诽谤我，激怒地球人共同为难我们，不让我们获取和地球有关的资

源，好让自己的星球发展得更快，社交更广泛。事出无奈，我们只好先保命再做打算了。我猛地拔出熔岩枪，将铁锁一击而断，凌空飞起一脚，踢倒了W-4，房里拿着机关枪的人自然向我拼命开枪，可是我不怕，身上的隐形防弹衣可不是白穿的，捡起我的三头激光枪，也开始拼命反击，一炮干掉三个。最终，我打开E-17椅子上的铁锁，拉着惊魂未定的她跑出房间，迅速回到飞船边，我们看见有很多人在试图拆毁我们的飞船。哼，我们的科技智能钛金板可不是你们想拆就拆的！我朝空中先发了几发空炮，吓得那些人连连退缩，又熟练地打开飞船上的锁，跳入船舱，把E-17也拉了上来，锁上舱门，点击快速发射键。整个动作快速灵巧，生怕追兵赶上。

这次因为是返程，所以可以连续跳转五十个虫洞，直接返回小行星1098，我们迅速降落到了起始点，打开舱门。科学社社长刚好走来，见我们这么快就回来了很是惊讶。我们解释了自己为什么这么早回来的来龙去脉，科学社社长听后把头慢慢地低下，又微微抬起，说："这个可恶的W-4，看来一场星球大战不可避免了！"星球大战的确发生了，只不过主角不是我们，而是我的移民后裔们——达斯维达和欧比旺。

叶开老师评：

莞若清风的小行星1098可谓是脑洞超大，作为燃料盛产和科技超级发达的行星，小行星的科学家扫描宇宙，发现了地球有人类居住，于是征召志愿者前去探险。你设定了一个敌对星球9081，他们也是一个科技很发达的行星，而且，他们竟然提前来到了地球，而准备捕获R-1，没想到R-1这么厉害。我刚刚看完《神奇女侠》，觉得你的R-1这个主人公，很像宙斯的女儿戴安娜呢，她们都有超级厉害的能力。戴安娜拯救了人类，你的R-1击败了阴险的9081外星人，然后，救下E-17，一起跳转了50个虫洞，直接返回了1098小行星。硬科幻小说不好写，很辛苦。感谢你这么认真。

17　人们自己

宋柏粤　五年级

出　发

终于结束了拉米奇拉瑟战争，我觉得自己该好好休息了。我也可以好好休息了，毕竟我也不想再从事军事行业了，因为在战争中表现出色，我从市长那得到一笔可观的财产，够我花两辈子了。所以我决定去旅行。

我决定先去地球看看，人类的起源地。

在6月6日的清晨，闪电号起飞了，在曙光中升起，犹如一只大鸟盘旋升空。

5小时后，我们来到太空，我坐在船舱中的观景舱中，我的私人飞船是火星上最快的飞船，靠永氢石分秘出来的辐射能推进，最快秒速10万千米/秒（1/3光速），在我们世界称为亚光速。

我从望远镜看出去，远处一个闪闪发光的蓝色星球——地球，这是我平生中第一次去地球，除了上次服役在那停留了两分钟以外。

第一次能好好看看人类的母星，我的心都快跳出来了。

到　达

10分钟后，我们到达地球空关，来地球都得来这里安检。我在大使馆酒店订了一个房间暂时住下。

生物起源

我来这追究一个问题：生物的起源。

在很久以前，曾经有人提出人类是猴子进化的，可我觉得这种假说有着很大的问题——有些猴子会冬眠。我同意另一党派的说法，这个党叫外党，他们的意见是人类是外星人创造的。

公元3091年，在一个叫普罗米修斯的火星卫星中，人类发现了一种类似人类的外星人科技发达，有五个在冰冻沉眠舱中，其余全部死亡，那是在一个飞船中，看星图，他们是准备启程去地球，探索小队打开了一个冰冻沉眠舱，外星人出来把它们全杀了，只有一人幸免。在地球人类起源科学馆中，我读到这样的资料。

会　见

去完博物馆，我有点饿了，看了看手表，下午一点半。我往门口走，准备去餐馆吃饭。

这时，一个黑色大衣的神秘男子拦住我，他带着墨镜和口罩，我分不清他是谁。

我愣住了。想问他的身份，可就是张不开口。

他先开口说话了："您就是托马斯先生吧，我……"

"是的，您是……"我回答，正说着。

"嘿，别打断我的话。我们请你帮我们研究一些文件。"

"可我还不知道您的大名呢，我不能随便跟陌生人走。"

"别说得像三岁小孩一样，"突然他抽出把离子手枪，"你最好老实点，我的身份得暂时隐蔽一下。跟我来。"

他低着头走上了悬浮车，我跟着他一起走进了悬浮车。

悬浮车里很宽敞，可容得下十来个人，里面有卫生间、厨房、游戏室等场所。

我们穿过市中心，来到郊外的一个小茅屋旁，看起来是一个牛圈。

"我们来这破地方干啥？"

"你等会就知道了。"他说。

他走下车，我紧跟着他。我们来到牛舍里，他把我按倒在一个躺椅上，给我系上安全带。在全息手表上按了几个键，躺椅下面就出现了一个洞。我掉进去了，然后躺椅竖起来了，椅子脚上出现了几个轮子，我掉到了个轨道上，椅子突然好像一个屁股着火的人一样飞速前进。我突然想到了小时候玩过山车的情景，仿佛还听到了天真的尖叫。

可是我现在感觉好恐怖呀。我回忆着今天的怪事，一个神秘男子说要给我任务，又带我来到郊外，又把我摁进这个玩命过山车中。

这个过山车不是普通的过山车，是一片黑暗，你都看不见轨道，只能让过山车在那里瞎走，可能哪里出了故障你也不知道，终于看到一点光，突然我感觉自己被甩了出来，我重见光明了，谢天谢地，我终于摆脱那"百年"的黑暗了。在我眼前呈现的是一座奇大无比的实验室，我从顶层的一个小洞掉进了这实验室里，一大群穿着生化防护服的人给我也套上生化防护服，抓住我的手就走，我也不知道他们要干吗。不过我很清楚这一定不是好事，而且和那个神秘男子有关。

走着走着，我们在一间房间前停下。我抬头看了看牌子——会议室。

市　　长

在主席台上坐着一个白衣男子，旁边就是那神秘男子。我径直走向主席台，台下的人满脸狐疑地看着我，我抓住那神秘男子的衣领，另一只手顺势掐住他的脖子。

"这是什么地方？你叫什么名字？你拉我来这里干什么？"我克制住自己的怒火，才没掐死他。

一大堆人把我们俩拉开。他突然拿起离子手枪对准我开枪，一瞬间我左臂没了知觉，我一脚把他踹在墙上，白衣服那家伙出来阻挡。

"你是谁？"我问。

"我是地球市长。"他回答。

"你们带我来这干什么？"

"给你安排一项任务。"他说。

"给我干什么，我又不是什么秘密工作者，我只是个旅行家。"

"但你现在是了，而且我们需要你这样的人才，头脑机灵，又会格斗。你不否认你先前是个战士吧？"

"这不用你管！你是怎么知道这些的？"

"很简单，我刚好参加了那次战争。"他说。

"我是哈里上尉。"他说。

"这位是艾力克中士，就是带你来的那位。"他又说。

"是什么任务让你们需要我？"

"那你就得想想是什么风把你吹来博物馆的。"

我突然想到了生物起源。

"难道你们要派我去普罗米修斯？"

"难道不是吗？"

再次启程

我收拾好东西，准备出发去航天站。我在无意中看到一只细细的把柄，激光剑！这可是陪伴我走过少年的"玩具"，几次我曾不小心砍到手，右手断了，爸爸很生气，把它藏起来了，给我装了只机械手。现在看到他可真高兴。

我们登上波塞冬号飞船。这艘飞船飞得可真慢，三十九天后才到目的地。

普罗米修斯

咯吱一声，我刚换好宇航服，门就开了，艾力克走进来，说："该走了。"他端着一杯咖啡递给我。

我喝完后走下平台。和艾力克走向一个洞穴。

突然，洞穴合上了，地上有点湿软，我意识到这不是个洞穴，这是个巨型生物的口腔，我举起激光枪，用炙热的白光在它的下巴上打出了一个大洞。我和艾力克趁它倒下前跳了出去。

原来是一条太空蠕虫。

真是吓死我啦，这种生物非常危险，牙齿坚硬，可以咬爆飞船，眼睛还会发出毁灭性的火球。

我们继续走了许久，又碰到一个洞穴，为了确保真实性，我拿激光剑在上面砍了几下，没任何动静。

我们点亮手电筒走进去，这是一个飞船储存库，里面有几百个牛角飞船。我尝试打开一个冰冻沉眠舱。

外星人？

打开沉眠舱，里面是空的！

我把头往里面伸，里面有个控制器。我伸手去点，还没接触到，一只手抓住我，我吓了一跳，原来是艾力克。

"未知物别乱点。"他说。

我说："尝试一下吧。"

就在这时，旁边洞壁响了一声，裂了。

我们跑进去，一个飞船控制器，星图表示他们正向地球前进，而且正要毁灭地球，可能还会毁灭其他星球。我打开旁边的冰冻沉眠舱，一个外星人走了出来。

危　险

这时旁边的墙壁又裂开了，爬出了一只巨型八爪鱼。艾力克上前一步，拿起电锯枪，把它劈成了两半，里面爬出许多长着角，长爪子，牙齿尖的生物。

一跃而起向我们扑来。

我用激光剑连斩十个，艾力克拿电锯枪砍人再开火，外星人竟走过去，一下把这些生物都扯烂了。然后他去控制台操控飞船。

我说："你为什么要毁灭人类？"

翻译器将这句话翻译成外星语。

那个外星人走过来，一下把艾力克扯烂了，可怜的艾力克。一瞬间房间里血肉横飞。外星人又朝我走过来。

看此情景，我赶快跑。

外星人跟着我跑进了逃生舱，不好，逃生舱的目的地是地球。

我被扯裂了。

但我的灵魂在空气中清楚地感觉到地球人就要灭绝了。

他会把所有地球人都杀了的。

希　望

最后一个地球人坐在家里，突然响起了敲门声，希望……

但　愿

我没组织这次屠杀，但愿他不要杀更多人，不要去其他星球。

愚蠢的屠杀者

海德薇在家里，不安地走来走去，托马斯哥哥怎么还不回来，都已经一个月没回家了，她已经去了长老院，去了去多地方找，就是没找到。她走啊走，在夕阳下她看到一只飞船在田间降落。走过去，打开门，想看看里面是谁？一声惨叫划破天空。

人们自己也为此叹息

直到人类被杀尽，外星人停下了，在不远处的山顶上飘着一缕青烟，又有许多白气也飘过去了，组成了我，一个新的我，是我，也不是我。"我"走到外星人前面。

"你这样杀人有意义吗？"

它没回答，惨叫了一声，倒下了。

空气中，飘过"我"的叹息。

叶开老师评：

宋柏粤的故事底子非常的宏大。我提了意见修改后，你在去普罗米修斯探险外星人的飞船部分，增加了不少内容，让故事更加合理。尤其是"探索人类起源"这个暗藏的目标，非常有趣。你要想想，人类到底来自哪里？这样看，外星人和地球、火星之间，要有一个特殊的联系。不管最终是外星人毁灭了地球人，还是托马斯他们击败了外星人，挽救了地球文明，这个核心都要思考清楚。例如，那个外星飞船，可以想象成，其实就是来地球"监狱"处理犯人的，因为他们发现经过十万年之后，地球人类的文明要进入很关键的时刻了，再发展下去可能会摆脱时间的约束，通过超空间飞行进行星际间的航行。这样，就管不住他们了。你看，小说要有个更明朗的核心，会更有趣。

18 木卫二号

义仪炙（章正宇）　六年级

2300年，呜呜呜，一艘宇宙飞船在太空中航行，里面几乎所有人都在休眠舱里面休眠。

我闲着出来了，看着窗外，我想着：在我小时候，人们刚刚到达木星，现在，二十多年过去了，我已经是一个25岁的小伙子了，人们就移民去了木星。

我呆呆地望着遥远无边的宇宙，啪，有一个人撞了一下我，我转过头去，看见迈格森正在拿他的肩膀撞我，一见我转过去，赶紧转了过去。

我没好气地看着他："迈格森，你能不要再像一个一岁小孩一样这么幼稚了好不好，这里都没有人，除了你，还有谁会打我？"

迈格森阴森地笑了一笑，说道："杰克孙·西波，你这就错了，还真有人哦！"说着，他就打了一个响指，突然不知道从哪里冒出来一个女孩，羞答答地看着迈格森，对我说："你……你……好，我是艾美特·普伦。"

"哟，有女朋友啦，你挺不错啊，才几天啊，就谈恋爱啦。"我哈哈大笑地说。迈格森不害羞，反倒自豪地说："你有吗？！"

我说"走咱们看看去。"我搭着他的肩，往餐厅走。

一到餐厅，许多女孩的眼光都转了过来，我的朋友自豪地说："看吧，都看向我。"我走到了一张餐桌上面，许多女孩都不好意思地捂住了脸，我问道："今天有时间吗，8点半到380室来！"

所有女孩都尖叫道："好！！"

我走了回去，看着我的朋友目瞪口呆地看着我，然后，就自言自语地说："哎，你长得太帅了。"

不恰巧却被我听见了，我笑起来了，确实，我长着一张标准的瓜子脸，脸上五官端正，腿长，而且我还长着看似白嫩，但是却坚硬如铁的皮肤。虽然我吸引了那么多女生，但是我还是在想我现在正在追求的那一个。她现在就坐在这一群女生中间，她是那么的与众不同，连对我的态度也是那样与众不同，如此冷漠，但是我还是喜欢她，尽

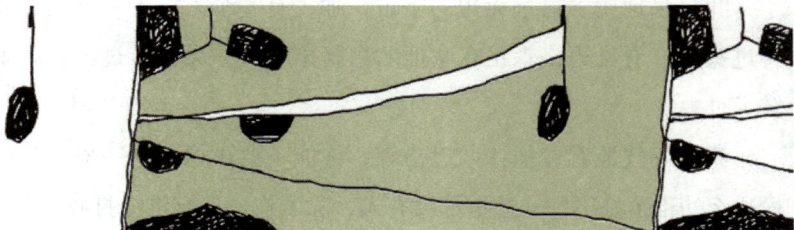

管我觉得我的脑子进水了，我说道："丝娜蒂亚，你要不要来？"

她回答道："哼，可以呀。"

我的心怦怦怦地跳着，我尝试冷静下来，我回到了我的房间，躺在床上，想着木卫二号船长的英勇事迹。2500年，船长麦茨哈驾驶飞船冷静地突破外星人的重围，无一损失地到达了木星……

哔哔哔哔……我的房间门铃响了，我还以为是我订阅的地域报纸到了。但是，当我打开房门的时候，我吓了一大跳，几个女孩子涌了进来，我差一点就被她们压倒在地上了。我的朋友格雷森牵着他女朋友的手，满心嫉妒地走了进来，我看见了丝娜蒂亚，我尝试去抱了一下她，我还以为她会骂骂咧咧地把我一把推开，但是，她居然没有这么做。当我抱到她的时候，我的心跳到了极点。当其他的女生看到这一幕的时候，有几个女生伤心地走了，还有几个居然哭了，然后，冲出了我的房间。

丝娜蒂亚哈哈笑了一下，我也经不住笑了起来，我这么有魅力吗？哈哈哈哈。

丝娜蒂亚问我："我也没有其他的几个女生好看，你为什么喜欢我？"

我惊讶地抬了抬眉毛，回答道："谁说的，你明明比她们都好看好不好，你看她们那化妆品涂得，都快溢出来了！"

我们一起笑了起来，然后，她说："好吧，那我就让你追求我吧，追不追得到我还不知道哟！"

说完，她就走出了房间，她确实十分的好看，几乎和我一样完美，但是，我们都是有缺点的，她的缺点就是倔脾气！

　　我叹了一口气，开始收拾被女孩子坐坏的床单，我细心地把它叠成了豆腐块，突然，我看见窗外一道蓝色的光，然后就听见一阵警报声。我心里一惊，赶快跑了出去，就听见广播里响起了船长的声音："小心，小心，海德福星人来袭，战斗人员准备战斗，平民回到自己房间，保持冷静，啊啊啊啊！"

　　我心里又一惊，赶快跑回了我的房间，只见，我的房间几乎都被改造了，我的床换成了一台一人逃生舱，逃生舱里面还有冬眠装置和自动射击装置，还有可以与自己的朋友通信的装置。我探了进去，看了一看，里面的电池还可以使用十天，还有太阳能充电器，我喊了一下格雷森和丝娜蒂亚，他们也都上了逃生舱。我喊了一句，我们就一起发射了，我在逃生舱里面通过摄像头看见了已经被海德福星人摧残得像马蜂窝一样的木卫二号，我的自动射击装置打爆了几个飞过来的船舱碎片。有一个海德福星人尝试靠近我，可是，被我的射击装置射得千疮百孔。

　　我看到了许多人都被射死了，我按了一下冬眠按键，我陷入沉沉的睡梦之中。

　　我突然醒了，看见是格雷森，我点了一下，他对我说："我们的燃料快要没了，前面是月球，要不要停一下？"我轻轻地嗯了一声，然后，又睡了过去。

　　砰，我的逃生舱坠落了，我睡意蒙眬地穿上了太空服，点了一下逃生舱生命指示，发现，就只有我、丝娜蒂亚、格雷森、艾美特，其他人的心跳都已经停止了！

　　我找到了其他人的逃生舱，叫醒了他们，我还在逃生舱里面找到了枪支和弹药，全部都是便携式可折叠可充电激光枪，一共配了三十个弹夹。

我看了一看四周，发现有一些原始的移民舱，里面的人来来往往，我进去了，发现里面的设备都是最低级的，我想了一想，这里是月球！

格雷森带着我们熟门熟路地走了几个地下通道，原来，他的第一个移民地就是月球。我们到了一座颜色如同泥土的建筑物，我们在格雷森的带领下，进去了。

这里的每一个人都在向格雷森鞠躬，他头也不抬地走到了这里的最高楼，将自己随身带着的卡片往上面一刷，电子屏幕显示到：迈格森·普洱少将！！！

我惊呆了，跟着他走了进去，他一巴掌拍碎了一道门叫道："爸爸，我们坠机了，快点，我要一艘飞船，快！"

只见里面有一个男人的声音说道："好好好，但是，你不要每一次进来都拍碎玻璃啊，对了你要哪一种？"

迈格森停顿了一下，说道："炙火战舰皇家版来一架，快！"

我的嘴巴都快要掉到地上了，炙火战舰，那可是贵族中的贵族坐的超强保护性能战舰啊。据说每一架都有着足以堆满一个国家的弹药，还可以防住不少于十个核弹的攻击，皇家版的，更是可以防

住二十个啊!

迈格森出来的时候,拿着一个小球,对艾美特说:"走,咱们坐战舰去!"我们跟着他到了一架火红色的战舰前面,有几个士兵羡慕地看着这一架战舰,一见到迈格森来了,赶紧问道:"长官,您的随航机已经就位,随时待命。"说完,就上了一架战斗舰。我和迈格森一起上去了,我们按了自动驾驶键,然后,就慢慢地向前移动。

嗖,我们一下子飞了出去,我坐在控制仪旁边,按了几个键,然后,慢慢地走到了冬眠舱……

我看了一看四周,没有人进去,我笑了一笑,拉着丝娜蒂亚的手,把她放到了离我最近的舱门里面,我自己也躺了下来,在睡梦中,我隐隐约约地听见了迈格森和他爸爸的对话:"和平……没门……再见。"然后,我又陷入了沉睡。

砰!

"又怎么回事?"我看了一看四周,看见如同雨水一般的陨石砸到了我们的飞船上,然后,我又看见了一艘救援飞船正在慢慢地向我们靠近,我抓住了一根杆子,飞船剧烈地颤抖了一下,我尝试把其他的人叫醒,可是,他们的舱门离我有十米远,我唯一可以做的,就是抓住杆子。然后,我想到了,我把我的毛线衣撕成了条形,然后,在柱子上面系了一个单手不灵结,然后把所有的人都叫醒,逃生舱已经与我们对接了,我所能做的就只有拉着所有人冲出去,我走着,走着,如同每一步都有千金重一样,我终于打开了舱门,然后,我就晕倒了。

后来我在一个亮白色的房间里面醒来,我的身上插着一根一根的管子,我找到了我的朋友,原来,我在木星上面了……

多年后，我与我的孩子讲述这一个故事，他们都呵呵地笑了，我的妻子丝娜蒂亚在一旁，微笑着听着……

叶开老师评：

　　义仪灸写的《木卫二号》，本以为是一个科幻爱情小说，而且你还像模像样地写了好几次场景，没想到，后来变成了一次遭袭击之后，迈格森少将的自我炫耀。在月球，他要到了一艘（超级）灸火战舰皇家版，据你的解释，是非常厉害的，火力超猛，防护超厉害。这个，简直是难以置信。我看，确实非常厉害。不过，小说有点乱，还可以继续思考、整理一下。比如，你到底是要写我和"我的妻子丝娜蒂亚"的故事呢，还是一次星际冒险？他们为何遭到外星人的袭击？他们怎么报仇？一般来说，这种事件的发生，必须找到一个解决的办法。或者复仇，或者宽恕，或者是迈克森的自我炫耀。核心要想清楚，然后，再看看怎么调整，小说就更有吸引力了。

19 最后一片净土

莫小凡（杨依桥） 六年级

"这就是我这个月的工作总结，谢谢各位！"伴随着领导不绝的赞叹声，我抱着工作汇总表走下了台。

"α·沃茨·飏很出色啊……"

"是啊，工作报告逻辑清晰……"

"呵，那个阿尔法又要晋升了……"我听着领导们对我极高的赞赏，同时也听着那些同事们嫉妒的声音。不出我意料，第二天我就成为探地科（探索地球）的科长。这已经是我工作以来，第四次晋升了。

哦哦，忘记告诉你了，我的名字是α·沃茨·飏，是宇宙最大的集团——落月集团的新任探地科长。α是在每个人名字前冠以的种类分别，分别有 α 、β 、θ 三类人种。β 是最高人种，因为他们的祖先曾为宇宙和平做出了卓越贡献；θ 是次等人种，在宇宙的四方与世无争地过着；α 却是最低人种，α 们的祖先曾被当作奴隶卖给了 β 族人。

在这个表面公平竞争的公司里，其实也蕴含着种族之间的歧视——β 是三角的最顶端，所有的高级领导都是 β，θ 的地位永远比 α 高一级，而 α 却任由他们使唤，在三角的最低端默默忍受。我，则是一个特例，身为无数 θ 的上级，我身先士卒，因此也在探地科赢得了一定的权威。

3113年6月1日，我照常来到了办公室，电脑上跳出了一封紧急密邮，这封信像是一个天大的玩笑，让我呆坐在了椅子上。

"亲爱的沃茨先生，地球的环境正在不断恶化，我们需要一位英雄前去地球，考察当地情况，记录下地球的最后美丽的一面。经委员会的协商，将此重任托付于沃茨先生。前往地球的飞船将于6月2日早上6：00起航，届时，请先生准时前往。"

我们公司的电脑经过了严密的安全防护，不会有什么诈骗或是恶作剧的情况出现。

地球？这是一个可望而不可即的地方，只有在书上才会看到的

词语，现在让我亲眼去见证？地震、海啸、台风、火山爆发……这种种将人类置于死地的灾害现在却让我去经历？不不不，我肯定不行，我这就去和委员会申请。

"怎么，科长不敢了？"凯瑞在旁嘲讽，他是 θ，是我的科员之一，有强烈的种族歧视。他轻蔑地看着我，又说："科长不是应该身前士卒的吗，这任务，科长都干不了，我们怎么干啊？"

我被他激怒了，强忍着怒火："等我活着回来，看你会低我多少等。"

"走着瞧啊，那要看你回不回得来了。"凯瑞笑着走了，他已经觊觎我的科长之位很久了，但终究是没有竞争过我。

第二天早上，我早早来到了机场，怀着一颗惴惴不安的心，我登上了飞往地球的最后一班航班，并且有可能还是单程。很奇怪为什么平时小事我想得这么多，而到了生死关头，却什么念头都没有，望着渐渐离我远去的星云，我心中不免感叹宇宙的浩瀚，也懊悔着为什么人类要这么残忍地肆意伤害地球。

霎时间，一颗水蓝色的星球出现在了我的眼前，表面上像是沾了一层灰尘，那个想必就是"雾霾"了。

无人驾驶飞船以瞬移的速度降落在了一座山上，周围山清水秀，系统声音突然从舱室冒了出来："欢迎来到地球最后一片净土，不丹。"

不丹，早有耳闻，据说在是几个世纪前的时候，曾承诺过要全年零碳排放，森林面积占国土总面积的70%。不仅零碳排放，还吸收了全球不少二氧化碳。直至今日，不丹仍坚守着那个承诺，这也就是地球上剩下的唯一一块绿土了。

青。满眼的青。青得让我震撼这是地球。和宇宙截然不同，宇宙是黑洞洞的，总给人压抑的感觉，但是不丹不同，不丹的青是轻快的，给人以一种踩在绿色毛毯上的舒适感。露水打湿了我的裤腿，我从未感觉如此轻松过。

"泥石流来了！快逃啊！"我听见有人在不远处喊着，放眼一看，原来是一个和尚正要逃下山到山脚下的寺庙里。我紧皱着眉头，冲下去把他硬是拽了上来："你不要命了吗？泥石流应该往上跑，越往下越危险！"

"可是……寺庙里也不安全啊……"

"这是泥石流哎，不是有强盗，往寺庙里逃有什么用？！待在这里等救援人员来吧。"和尚终于被我说得没理了，只得认同。

在安全地带，为了完成任务，我连忙背起传感相机，四处寻找可以拍摄的地点。花，草，树，在蓝天的映衬下娇嫩可爱，一切生机勃勃的画面都使人震撼。

湖，沙，动物等都在传感相机下把所有相机所感受到的数据分毫不差地传输给远在宇宙深处的监控室。

我正在湖边晃悠着，忽然有一群人从背后走了过来，领队的，正是那个被我从泥石流中救出来的和尚。他们纷纷作揖道："上神，救救地球，救救我们吧！"

"你们快起，我不是上神，我只是从泥石流里救出了一个人罢了。"我急忙解释道。

"那泥石流夺去了不知多少人的生命，上神既然能战胜泥石

流，也就必然能战胜天灾，请您帮帮我们吧。"

"好好好，你们快起，我若可以帮到你们，我一定会帮的。"我只得答应道。

回到了不丹人的住所，不丹国国王向我道起了往事："几百年前，地球暖化还不是很严重的时候，不丹作为地球之肺夹在两个人口大国之间。不丹每年都把植树造林当作自己的义务，国王甚至将绿色环保列入了宪法之中。近年来，泥石流、海啸、冰川融化等事故使得不丹的环境越来越差，可是不丹人民并没有做错什么，我们没有过度砍伐，没有滥用自然资源，可是……"国王脸色越来越沉重，最后没有了声音。

我沉思了良久，最终开口道："不怪你们，是他们不好，我会去宣传的，你们放心。"

我没有在不丹久留，因为我知道还有其他地方等着我去探索。我感受了美国的科技发达，法国的气氛浪漫，中国的文化悠久……可这些都没有不丹的那一片青山绿水更使我留念。我在每一处留下了我的踪影——呼吁植树的海报。

我向监察室发送回宇宙的信号，眨眼间，飞船就又瞬移到了我的面前。地球上令人难忘的景象还在我的眼前，我却又置身在了一片漆黑中。

我成功了。

从宇宙到地球，再从地球回到宇宙。地球之旅并没有我们想象中的那么凶险，反而更人性。

宇宙的表彰大会，公司的颁奖仪式和晋升会议，张贴的海报上都少不了我的名字。

这绝不会是我们探索地球的最后一次，会有下次，下下次，直至以后。

我在每个会议上都这么说道。

所以，亲爱的读者朋友们，为了寻找一片净土，也为了我们星球和地球未来的探索之旅。此刻，请放下手机，骑上单车去植树，去感受蓝天白云的美好……

说不定，你还会找到我在你那个地区贴下的海报呢……

叶开老师评：

　　莫小凡写的《最后一片净土》十分特别，我看到中间，才发现是你对"不丹"这个高原国家的一种特殊的描写，也可以说是敬意。你去过不丹吗？我没有去过，不知道怎样。上次地震，对不丹产生了巨大的破坏，看图片很震撼人心。从火星"探地科"的角度来看待地球很有意思，我尤其喜欢你对火星人的等级的设定，那三种设定，很像是印度种姓制度，等级之间，似乎不可逾越。而能干的"α·沃茨·飏"却打破了这种严格的区分，做了很多比他更高等级人的领导。到地球，写不丹的状况，这个也很特别。不过，你可以考虑加深对地球的设定，即作为一个特殊的火星人，"α·沃茨·飏"在地球上，到底能发挥什么特别的作用？他到底是"上神"还是凡人？这个可以再考虑考虑。然后，他回到了火星，是不是可以让凯瑞闭嘴呢？

20　反侵工程

乔逸飞　六年级

序　章

由于火星资源匮乏，军事总部策划了一系列反侵行动，派出了一些特工，在它们脑中植入了芯片，飞往地球，监视并搞些破坏阻碍科技发展。

"编号0231，校对完毕，倒计时五，四，三，二，一，点火，升空！"

轰！尘埃四起。火星灰蒙蒙的天空中，冉冉升起一颗燃烧着的新星。

"进入预定轨道！"通话机里传来有些模糊不清的指令。面对茫茫宇宙，陪伴他的，只有小小的操作舱和早已规划好的任务。

"咚"一下猛烈的震击，飞船一下歪了方向，他在里面撞得晕头转向的，"已开启偏导护盾，自动防御系统启动，校正轨道"，这什么时候才是个头啊……

抵达地球

——地球NASA："发现一不明飞行物，并且拦截无效，现在目标消失，根据弹道推算大概从火星方向飞来。"

——飞行器"三，二，一，进入水下！"随着咚的一声和强烈震动，他们潜入了河中，飞船竟卷起了漩涡来产生动力！

盟 友

他换上飞船中的便服上了岸，轻车熟路，仿佛来过许多遍一般，来到一家冷冷清清的酒吧。里面有一个打扮成绅士的服务员，相貌普通，五官端正，个子高挑，行为举止彬彬有礼："你要喝点什么？"

"牡丹灵草茶（火星传统饮品，此为暗号）"那服务员也不奇怪，自顾自地对着暗号。

"天王盖地虎！"

"Table一米五！"

"宝塔镇河妖！"

"永远长不高！"俩人一唱一和，颇有一番风味。

"嗯，就是你了，跟我来！"他轻轻松松地推开那看似沉重的酒柜，柜子竟是可以旋转的暗门。里面的空间宽大敞亮，还有许多不知名的仪器显示器。

"憋死老子了，老子再也不装绅士了！"粗鲁的声音从下方传来。

他低头一看什么时候出现了个小矮子。

"你是谁，刚刚那个服务员呢？"

"就是他，他刚刚用了易容术，使自己变高了点。"一个清清冷冷的音传来，原来角落里还有一个人。眉目清秀，声音仿佛从幽谷之中传来，煞是好听。

"小子，你叫什么？"

"编号0231。"

"混蛋啊，从火星来的时候你就没给自己起个好听点的正常点的名字吗？"

"好吧，叫迪奥。"

"还挺满意的，老子是奥邦，那边那个伪君子是佐赫，顺便提一下，欢迎加入我们'吊车尾垃圾小分队'。分队编号222，我是老大，他是老二，所以你们要听我指挥，听见没？"

"明白啦。"

"任务是看店。芯片里有酿酒的技能，你激活一下，老子和老二有两个实验室和八个科研所，所以我们的责任还是很重的……（此处省略N字）呼！水！水！长篇大论了这么多，渴死我了！"受了老大唾沫星子的洗礼，又看他不顾形象地灌水，还有点反应不过来。"别太大惊小怪了，他常常这样，你不理便是了。他至少要喝下三桶水。"

不过，虽说在地球，但每日看看店，酿酿酒，闲时还可以钓钓鱼，生活充实也不错。悠闲的生活，时间如流水般流逝，终于火星总部发来第一道指令：三人先分开生活，闯荡，一节（火星计时法，地球上的一年）后的今日在基地集合，有一项重要任务。

电波行动

"老子心情爽，任务新气象！"奥邦哼着小调漫步走入酒吧，迪奥和佐赫早已等候多时。"我们需要破坏一些高端设备，总部运来一门微型电轴炮只有八发用于摧毁重要目标，还有个便携式微波发射器可以隔音，电满了也只可维持十分钟。"

"足够了。那事不宜迟，我们出发！"

因为有易容术，我们轻轻松松混进大楼组合，装模作样地撞倒了一名高层科学家，假装拥抱道歉，悄悄拿来了他的卡。

溜进了实验室，神秘的电轴炮终于亮相了，看上去毫不起眼，仿佛就是一团黑色的废铁。按下启动按钮一看，里面有着火星深层矿藏的高能燃晶，多厚的装甲都能轻易熔穿。他们倍感新奇，展开粒子墙用于隔音后破坏就开始了。

"老子先来！"在炮上突然出现一个屏幕，还有许多种破坏方式呢。

奥邦选择了静音模式。炮里伸出来个小管子接在仪器上，一接好，突然出现了大大小小发光的线条，把它分为几个几个小小的正方形，咚的一声轻响，那高端仪器具发光的线条裂成了好几块。

　　"好厉害！"他们好不怜惜，对着整个实验室狂轰滥炸。奥邦兴奋过度不小心左腿绊到右脚摔在地上，碰到了等离子发射器，隔音墙失效了，众人都没有发现。

　　还有最后一发。

　　"我来打这个，老子是老大。"

　　"对，你是老大不小了，你这一阵子，有没有长高一点点呀。"

　　"敢讥讽老子，你这一阵子练习的都是嘴皮子吧。"正当他俩唇枪舌剑闹得不可开交时，正在巡逻的一队保安听见有动静，打开了门。迪奥眼疾手快，左手端过一把电熔枪，右手披上隐形斗篷。

　　"怎么回事？"

　　"我们是来拿仪器的。"

　　"我们来做实验的。"

　　"哼，姑且相信你。这一地的狼藉又是怎么回事？"

　　"是后面那个家伙干的！"隐形斗篷迪奥说，在保安后面的那名科学家无辜躺枪。

　　迪奥披着隐形斗篷，赶在他转过身时把电容枪强塞在他的手里，他却什么也没有看见。迪奥十分得意，不小心碰掉了旁边器架上的一个培养皿，"啪嚓"玻璃碎了，空气仿佛在这一刻凝固了。佐赫心中一顿，仿佛心脏在那一刻停住了，脑中拼命想解决办法。

迪奥赶紧披好隐形斗篷，不露任何破绽，向他俩打了个手势，便放轻脚步，小心翼翼地先躲了起来。保安见他真的端着枪，直接忽略了另外几个，把他拉进了审讯室。"跑，跑！"迪奥低叫，他们三个一溜烟就跑了。

地球人民

"哇哈哈，那个混蛋，还想抓老子这么英明神武的家伙，还嫩了点儿。"

"举起手来，不许动，趴下！"奥托得意扬扬准备发表长篇大论时，荷枪实弹的武警包围着他们，把他们也带进了审讯室。

他们的头头和奥邦他们是老熟人了，也不寒暄，开门见山："邦子啊，这是你们第101次进来了吧，101次中有100次是因为你俩吵架被我们发现进来的吧，这一次是你笨手笨脚按了警铃被我们抓了个现行。"

"是啊，"奥邦有些灰心丧气。

"说说看，你们这次又为什么要吵架？"

"叫他说我矮，还敢讥讽老子。"奥邦想想就来气。

"能怪老子吗？还不是老子不懂事吃了那千年玉露长春草。"

千年玉露长春草是炼制大轮回丹的主要材料，唯一的功效就是能锁定人那一刻的容颜长达200多年之久，所以奥邦就成了这副长不大的模样。

"千年玉露长春草是啥？"

"一看就不是火星本地人，老子就是土生土长的火星人。"

"嗯啊，嗯。"迪奥和左赫拼命使眼色。

"咋了，还不让老子说出……我刚刚说的是假的，假的，什么也没说，什么也没说。"

"你是火星人？怪不得你能随便改变行貌，这可是件大事，你就先在我们拘留所待几天吧，我得向上级请示一下。"现在是互联网信息时代，那八卦消息传得比火还快。全世界都知道有个火星人在地球上，很多地方都举行了游行，要求与火星人和平共处。各国领导碰面三思后，决定与火星人友好相处。左赫他们非常感动，自由后，他们改变了相貌，想要作为三个普通人，生活在地球上……

叶开老师评：

　　乔逸飞简直写了一个搞笑版的火星人突击地球的故事，哈哈。这几个火星人，在你的笔下，并不是超能战队的铁金刚，而是搞笑版小品队员，他们的各种搞笑，使得任务变得非常有趣，最终都搞砸了。你的结尾利用了互联网，竟然用最简单的方法解决了问题；互联网消息传播得比火还快，竟然全世界知道火星人在地球上，举行游行，而要求与火星人和平共处。简单，明了，有效。哈哈。

21 玄黄之路

时践（时浩扬） 六年级

一个房间，没有灯，但屋里亮亮堂堂的，地上没有影子。

墙壁是白色的，屋顶是白色的，连屋子中央的床和四周的摄像头都是白色的。迈尔斯躺在床上，看着天花板。一个白色的屏幕悬在他的头旁边，旁边还有各种各样的超微脑电波仪器，用于观测"穿梦者"周围的环境和发生的事情。一切都那么安静，好像是真空状态。

他将要进行78个世纪以来第一次地球之旅。

科学家走了进来，穿着白色隔离服，带着隔音口罩。他在床头的椅子上坐下，戴好手套。他用一只手在迈尔斯眼睛的上方摆了两下。迈尔斯闭上了眼睛，进入了穿梦状态。

他的周围是黑色的宇宙，银河系在远处旋转着，闪着白光。身后是无限的宇宙，是那个正在缩小的宇宙。

"穿越。"从宇宙的那一端传来一个声音。

迈尔斯向前飞去。周围是闪着光的行星，但是转眼间，一切都消失了。他进入了一个隧道，一个无限长的隧道。除了光，没有任何东西存在。

他停了下来，发现自己站在一片紫色的陆地上。周围生长着蓝色的树，树上长满了燃烧着的火叶和宝石果。

"真他妈的糟糕，应该是第七宇宙速度，不是第九宇宙速度。"

他身边的一切就像龙卷风，一下子又搅在了一起。

然后，一切都静止了，完全静止了。

迈尔斯站在一片棕色的土地上，天空是蓝紫色，偶尔有云流过，就像海浪打在浅滩上。这个地方被他们称为"俄斯"，就是80个世纪以前的地球。

"大家需要你，"那个声音在他的大脑深处回荡，"你是星球上几万亿艾利安中唯一一个有能力完成这个任务的人。我们的星球的生命之源正在流失，就要在大千宇宙中毁灭。你要做的就是找到生命之炉，在里面锻造出玄黄之剑，并把它带回来，这样就能阻止这一切灾难的发生。"

一切又恢复了平静。迈尔斯朝四周看去，一个火红的球体悬在空中，那就是太阳，宇宙中唯一充满活力的太阳。周边有几棵植物，叶子是粉红色，而果实则是绿色。他摘下一个，咬了一口。

多么奇怪的感觉！果实触到嘴唇的一刹那，他身体里的细胞一下子追溯到了8，000年以前。那时候，生活在"俄斯"上的人类吃树上长的彩色圆球和其他形形色色的东西。俄斯上还有蓝色的液体。那叫什么来着？

海洋？对，就是它。就是它包裹在地球的表面，就是它制造了生命。

他朝远方走去。那儿有一个黑色的东西，好像是一个圈。那是什么？他走到跟前，伸出手……

"别碰，那是虚无空间！"

如果这句话再早两秒钟，就不会发生接下来的事了。

迈尔斯的手臂被扯了一下，一切都消失了。他在坠落吗，还是在上升？

他睁开眼睛，站起身，发现自己在一片白茫茫的地方。地上的东西是沙子吗，还是雪？周围什么都没有。地平线在哪里？没看到。

"这可真麻烦了，"那个声音说，"这可是世界的边缘。"

世界还有边缘？俄斯不是圆的吗？在8798年前的一个初秋，麦哲伦完成了航海绕地球一圈，证明了地圆说是正确的。这怎么可能?

我在哪儿?我接下来要干什么?

他走路,他蹦跳,他做横翻筋斗,只是想打破这个世界的沉默。

他仰望天空,想从人类曾经居住的地方看到现在的自己。可是,那个地方离自己实在是太远,太远……

嘣的一声,迈尔斯发现自己摔了个大马趴。他站起身,揉揉自己的膝盖,低头寻找着罪魁祸首。他刚想诅咒一句,就看见了……

一块石头,一块和这个世界的颜色一模一样的石头。这块石头和以前的足球差不多大,但样子更像人们玩的奥利弗球,那流线型多么完美。

"嘿,"迈尔斯说,"看来我还得感谢你跟我做个伴。"

"你不用感谢,"石头说,"应该是我感谢你。你们星球的人们把希望放在你一个人的身上,你要做的就是把我放进一个有足够温度和压力的生命之炉里锻造,最后插进你的星球的深渊。就这么简单。"

"天打雷劈。"此刻就在几兆光年之外的科学家说,"石头从非生物居然进化成会说话的东西了,而且懂得比当事人还多。"

迈尔斯抱起石头。它并不重,难道是浮石?这附近没有火山啊。

"那是因为我那无限大的质量分散到了宇宙各处,当然不重啦。"石头呱呱地说。

他往前走,往前走。突然,好像一下子越过了那道不存在的地平线，前面有一片蓝色。

"是海市蜃楼吗？"迈尔斯自言自语道，"就像我们星球上的虚幻城市一样？"

"不不不，这是真实的。你要做的，就是跳下去。"

"我？为什么？"

"你不想逃出去吗？"石头说，"这是虚无和真实的唯一一个交界处。"

"当然。"

"搞什么啊？"科学家想，"一块石头是要毁了一切吗？"

扑通一声，迈尔斯带着石头跳了下去。

"好吧，好吧。"科学家说，"迈尔斯，记住，上即是下。"

上即是下？什么意思？

迈尔斯低头往下看去。海底在哪儿？他只看见身边越来越黑，只能感觉到自己和石头在不停地下坠。

水里面冒出一串大泡泡，但不是往上冒，而是往下冒去。湖底越来越亮，越来越亮……

还好迈尔斯反应快，没有让脚先冒出水面。他把头露出水面，深深地吸了一口气。

这是一个完全不同的世界。人们在远处的岸上走来走去，不知道在干什么……

人们？

地球上面还有人类？

迈尔斯抱着石头走出海水，走向那些忙碌的人。他站在一旁，

看着那些人。那些人戴着面具，他们穿着绿色的衣服，戴着面具。
为什么所有人的目光都那么呆滞？莫非他们不是人？

"它们不是真正意义上的人类，"石头悄悄地说，"它们在保
护那个生命之炉。我能感觉到那种特殊的气息。"

"那我该怎么办？"

"找到试炼之炉，把我扔进去。"

迈尔斯小心翼翼地穿过来来往往的守卫。

"喂，你！"迈尔斯感觉到一只手搭在了自己的肩上。他转身
看去，一个守卫正看着自己，"你在这儿干什么？"

"我？哦，我正在找一个东西。"

"怎么啦？"又走过来一个守卫。

"这里有一个陌生人，他……他人呢？"

"快找！小心奥斯汀把你扔到生命之炉里！"

迈尔斯蹲在一个巨大的灌木下面，透过树叶的缝隙看着外面。
一下子，警报大作，拿着激光枪的守卫成列地从树前跑过去。

"现在怎么办？"迈尔斯问。

"先悄悄地找样武器。"石头说。

正好有一个守卫走了过来。

"抱歉。"迈尔斯小声地说，举起手里的石头。咚的一声，他把晕倒的守卫拖了进来。他穿上那守卫的外套，戴上面具，从衣服的腰间拔出一截像手电筒的东西。

"这是什么？"

"这是激光剑，剑身是由光和射线组成。"科学家说。他很高兴石头这次没有抢自己的台词。

迈尔斯用背带把石头背在身后，悄悄地走出灌木丛。他走了几步。

"站住，你是谁？"迈尔斯一抬头，发现两个手持激光枪的守卫站在跟前。

"我是谁不重要，重要的是你们两个人中有一个是奸细。你们中有一个把你们的同伴给打晕了，把它拖到了那边的灌木丛下面。"说着，他指了指自己刚才所在的那片灌木丛。

"奸细？"其中一个人说，"这事儿我没干过。"

"嘿，"另一个人说，"这种事儿除了你还能是谁干的，嗯？"

"我？我看你是奸细还差不多。"

"我是奸细？你胡说！"

"住嘴！"

"你住嘴！"

迈尔斯趁乱溜了出来，手里拿着激光剑，"这群家伙可真够智障的啊！"

又转过两个弯，幸好没人。"你等会儿拉着前面的滑索到对面去。"石头提建议道，"别让我掉下去。"

迈尔斯快步走到绳索边，就听到后面一阵大乱。

"有人追上来了，快！"

迈尔斯一手抓住绳索，另外一个手握住激光剑。他用腿一蹬地，滑了出去。

"命令你立刻停下来。"前面已经有五六个人抓着绳索滑了过来。

"实在对不起。"迈尔斯一松手，借着惯性，飞到了另一根绳索上。飞过来的守卫正好和在后面追的撞了个满怀，像麻花一样缠在一起。

"真的对不住。"迈尔斯一撒手，在空中划过一道完美的弧线。落在了空中的竹排上。他越过捆着的竹竿子，十个守卫从前面冲了上来。

"别想逃了。"他们哈哈大笑。

"把绳子割断，"石头建议道，"让竹竿往下滚。"

迈尔斯一回身，一按按钮，激光剑一下子射出一米多长的绿色剑身。"刺刺"几剑，一根根竹竿就往下滚。守卫的表情，好像是从来不知道东西会滚似的。这堆真人保龄球瓶被撞得稀里哗啦。迈尔斯坐在竹竿上，感觉比坐星球过山车还过瘾。

然而，一根竹竿被什么东西卡住了，第二根卡在第一根上面。

"糟糕。"

如果以撑竿跳运动员的比赛标准来评分，迈尔斯一定能破吉尼斯星球纪录。竹竿就像投石车，在天空中划出一道完美的弧线。

然而……

落地分很糟糕。房间里的迈尔斯全身颤动了一下。

"别那么high，淡定一点儿。"科学家说。

迈尔斯用倒栽葱的方法落地，然而，被火焰般的树枝卡了一下，差点把头发烧着了。他摔在地上，面具挂在了树上。

迈尔斯睁开眼睛，发现自己全身被一团紫色的光束牢牢地捆着，无法动弹。周围都是人。他现在终于知道为什么那些人穿着灰色的服装了。

他站在一片空地边缘，中间是一个巨大的火炉，炉里冒着气。隐隐约约地，能看见火炉里冒着绿色的火光。迈尔斯本来以为守卫们戴着面具，穿着防护服，是为了隔开滚烫的空气。然而，他站在炉火边，感觉无比神清气爽，全身充满了活力。

"外来星客，"坐在最高处的人开始说话，"你到这里有何贵干啊？"

"为了拯救我的星球，我必须得把这块石头放到生命之炉中，炼成玄黄之剑。"

"这生命之炉在整个银河系中独一无二，在宇宙爆炸的那一瞬间形成，它的能量是整个宇宙的生命之源。我为什么要让你用呢？"

"它决定着几百亿人的性命。你难道觉得这还不够吗？"

那个人微微点了点头，"那你用什么跟我做交易呢？"

用什么做交易？迈尔斯一想，自己身上什么都没有啊。

石头沉默了，科学家沉默了。

这真是一个棘手的问题。

难道，这不是一个问题？

迈尔斯思考了片刻，突然一抬头，说："我用能拯救我们的这块石头做交易。"

"什么？"科学家惊叫道。

那个人笑了，他笑得很开怀。

"这么多年，终于有一个人，还拥有着这四个品质：勇敢、幽默、聪慧和懂得变通。你们星球的人，一定都是善良的，正直的。如果这样的一个星球因为我的拒绝而毁灭，我将不会得到自己的宽恕。"

他一拍手，束缚迈尔斯的光束不见了。人们站成一个圈，他们默默地念着什么，开始祈祷，开始召唤。迈尔斯捧着这块石头，走到炉边，投了下去。那块石头打着滚，翻着个儿，被绿色的光芒吞噬了。

一个光圈向四面扩散，整个银河系都见证了那一刻。

一把剑，悬浮在试炼炉之上。它有着宇宙般颜色的剑柄，繁星般绚丽的剑身。

"干得漂亮！"科学家手舞足蹈，差点把床弄翻了。

跟地球上的人们道了别，迈尔斯握住了玄黄之剑。他把嘴唇轻轻贴在剑上，说："带我回家。"

一道光……

在遥远的星系，一颗星上的一个白屋子里，迈尔斯醒了过来。

"一切都在应该在的地方。"

叶开老师评：

　　时践这个构思好厉害，好宏大。虽然你违背了作业要求，写了穿越和玄幻，但是，你的构思非常巧妙，让某处（艾利安人）中唯一有能力寻找到生命之炉，并去锻造玄黄之剑的迈尔斯，肩负重大使命穿越时空来到地球上，为挽救艾利安人而去寻找生命之炉。这个设定很完整，没什么问题。那块石头，为何能进化成能言会道的石头？它又为什么有那么高的智慧，把"无限大"的质量发散到宇宙中？你看看这块石头，简直太厉害了。而且，它还主动告诉迈尔斯，把自己投进生命熔炉中，锻造玄黄之剑。这个简直就是无所不知的导师了。这样一块石头，应该有来历才对，不然有点突兀。它到底是谁？怎么能达到这种境界？建议你对这块石头好好思考一下，给它一个更合适的定位，例如"原力"，"超自然之神"，或者其他的命名。不能突然出现，而没有前面的铺垫。然后，这块石头又主动地被投入了熔炉，锻造了这把玄黄之剑，石头君这么做，一定要有什么特别的理由。不过，除此之外，你的小说真的是非常完美了。

22 救援任务

贝壳君（张倍宁）   五年级

地球人真是不简单，当人类的航天业不断发展扩大之后，很快就将人类升华到了航天时代，几乎所有的国家都将重金砸在了航天业上，争相发展。

在2100年，人类就将航天飞船的飞行速度达到了物体运动速度的极限——光速的五分之一。他们将飞船开向他们能到达的任何地方。很快，5年后，太阳系里除了太阳，人类的殖民地已经气势汹汹地占领了所有星球的表面。

我来自火星，与人类唯一不同的是，我们住在地壳以内，在1800年时出来的，地球人进步太慢，我们早就远远超过了这群人，我们抛弃了他们。

可关键的问题是，人类也来到了火星。我们无法继续曾经遮遮掩掩的生活，与人类签订了和平条约：

1.双方必须遵守和平条约，不得有任何行为使互相受到伤害。

2.在保证第一条约的情况下，双方可以进行一定程度的合作。

3.在保证第一条约的情况下，双方才可以谋求各自的利益发展。

应地球和平协会要求，我来到地球救援"落日六号"。

我驾驶着地球能提供的最快的飞船，历经15分钟来到地球。一道耀眼的火光伴随着强烈震撼心灵的一声巨响，吐鲁番盆地刮起了一阵强烈的风，在长时间操作控制仪后，飞船着陆了。

我不禁感叹起这里的变化，1800年时，经过精准的预测，不到2050年海平面就会升高至少3厘米，而现在，最低的盆地吐鲁番盆地竟仍然完好无损。本来尘土飞扬的沙漠变成了草原，一碧千里，望不到边，只有一些连绵的山丘和远处隐约能看见的高山，高山上的雪没有融化，充分表现了地球温度的稳定。清新的空气令我的喉咙兴奋地无法喘气，久违的阳光洒在身上，我整个人慵懒地瘫在椅子

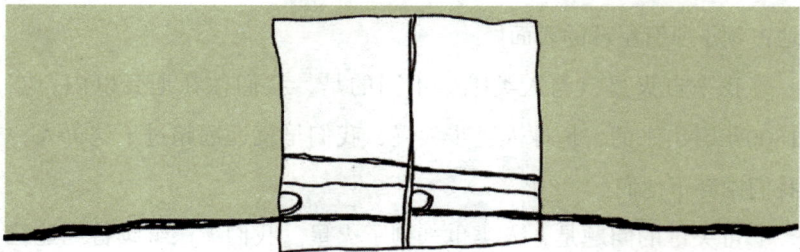

上，已经坐不起来了。

"您好，你就是Mr.Albert吗？"

我猛地睁开眼睛："我是。"

"久仰久仰。是这样的，您应该知道您的任务吧？"他看着我瘫在椅子上的模样，眉角微蹙，显得非常怀疑。

"没错。"

"我叫陆仁贾，两年前，我当过那个女孩的眼睛，这次您就由我来招待了，尽管放心，我们的服务绝对周到。这边请。"

我跟着他走进一个飞船状的建筑物，这个建筑物不是很高大，但处处流露出新科技的时尚，在飞船的上头有几个大字"中国航天地面工作总部"。

七弯八绕的，终于拐到一间房，这房间很大，设备齐全，旁边就是一个很大的机械研究室。

"旁边这间房，是专门为您开的，里面都是您要求从火星地壳内带来的东西。"

"你太客气了。"一阵寒暄，他就走了。

我坐在机械室，手里拿着电钻，为碳化钽铪合金板打孔，这种板本来燃点就有3990度，加上我们火星人的改造，5000度的耐热不成问题，而那位女士所在的地方大约是4520度，救出她应该不是什么难事。

三个月后，我的团队人员陆陆续续地到来，在经过最后一次性能测试后，我们出发了。

可是到了地幔一带，我们才发现不对劲，由于两年前的一次地壳运动（轻微地震），原本那个直接通向地心的道路，被完全封锁了，而我们，则掉进了通向地心的另一道路，在周围炽热的岩浆中，"落日六号"没有信号，我们无法进行互相的通讯，只能原路返回，这是我们始料未及的。

一年后，我们将设备改良，进行了第二次搜捕。这次设备的结构更加坚固，可以释放少量的超声波，用来搜寻"落日六号"。

"这里是实时报道，'落日七号'爆发出了耀眼的红光，从河中潜入地壳下，呀，怎么没有信号了……"

他们当然不知道怎么回事，我们也不知道，我只知道我们的超声波出了点问题，导致了外核的震动，我们掉进了百慕大三角，更可怕的是，有一些从没见过的潜水舰围着我们，拉着我们前进。

我们在水底缓慢地行驶着，在极强的灯光下，周围看不见任何生物，直到到了一个沟，能看到几棵水草。也就是这个时候，周围的潜水艇发出了一条信息，大致意思就是要让我们投降，那感觉真是可怕，一群类人怪物将我们带到了它们的船舰，关在一个房间里，令我和我的另外三个工程师惊讶的是，图片中"落日六号"领航的女孩就坐在这里面，只是比图片中皱纹多了一些，毕竟已经过了6年了嘛。

大概是见到了人吧，她变得安静了些，然后稍后便突然发疯似的指着带我们进来的那个怪物，大喊："他是陆仁贾！！！"

我们先是一惊，然后不约而同地看向那个怪物。"怎么发现的啊，它（它，不，是他）点了一下自己身上的某个部位，身上一层皮褪了下来，他真的是陆仁贾！"

　　"如果我能记得曾经每一朵花的名字，你的神态我还会忘吗？"

　　"那我就拿你们试试身法。"他的眼睛变得猩红，举起了腰间配备的手枪。

　　女孩真是不简单，她一低头，向前一个前滚翻，一腿踢掉了陆仁贾的手枪，我捡了起来。

　　"说，你们是谁，在百慕大三角干什么？"

　　他的神情突然变得泰然自若："1500年，先祖来到这里，你们那时的科技是多么落后，我的先辈凭5人之力便造出了潜水艇，当年的国王以为他是巫师，追杀他，他无奈，被迫到了这里……"

　　"然后呢。"

　　"然后就是你的死期！你以为我刚刚什么都没有干吗，A队现在在来的路上，投降吧。"

　　"把你手里想要拿起的破手枪给我！！！"女孩突然上前夺过陆仁贾正偷偷拿起的备用手枪。

　　我们最后一起把陆仁贾放倒了，让他躺在房间的中间，我们躲在各自的角落里。

　　陆仁贾确实没有说错，A队来了，但他们见陆仁贾倒在地上，

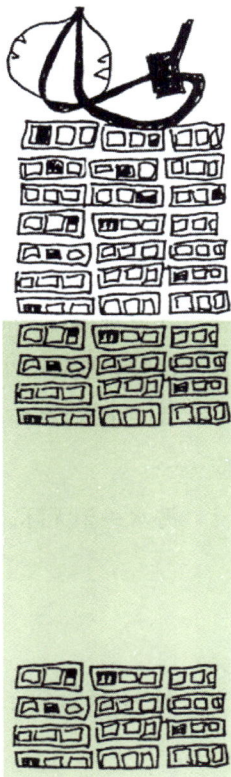

便没有多想，大家异口同声地说："快去驾驶室。"

我们跟着A队后面，听到从门缝里传来的声音："有看见什么可疑的人吗？"

"没有啊，整天疑神疑鬼的。"

A队走后，我们便走了出去。

"都说了没有看见可疑的人！"驾驶员看也没看我们一眼。

几分钟后，我们穿上了驾驶员的衣服，把昏倒的人放进衣柜，自己驾驶着临时的小型驾驶艇，逃之夭夭了。

我现在躺在空旷的沙滩上，等待着刚刚发出求助信息的回应……

海水一望无际，人类的前路茫茫，大敌当头。

叶开老师评：

张倍宁的这篇作品，把刘慈欣的《带上她的眼睛》混合进来，先说火星人住在地壳下，有先进科技，然后写火星人来拯救被困在地球核心里的姑娘，我觉得很有创意。这里，火星人"我"是一个很棒的工程师，你要再想想怎么表现他在火星就是闻名世界的著名工程师和科学家了，他来地球的目标就是拯救那个女孩，这是一个几乎不可能完成的任务，这就很有意思了。而"陆仁贾"这个角色，设定不是很明确，他到底是"做坏事"的，还是有帮助的？他到底是什么人？为何女孩子一见到他就认出他？这是一个问题，第二个问题，怎么女孩子出现在了百慕大三角的舰队里？他们使用什么科技救出了女孩？这些要想得合理一点，有逻辑一点，就更棒了。老师看到了你写的文章越来越好！继续加油！

23 地球旅行记

王曦睿 三年级

引 子

灵帝纪元1420年，地球才出现人类。在火星上却早早地生活着两种不同的人：第一种人是丝飞人，他们像猴子一样善于攀爬；第二种人是灵精人，他们像猫一样的聪明。然而，有一天丝飞人的老大那索，突发奇想，想要取走我们灵精人身上的血液来延长寿命。我叫裘龙，是灵精人的老大，我不想我的族人受丝飞人的欺负，我决定带着他们逃走。

逃离火星

有一天，<u>丝飞人</u>把我们抓走了，但还是有一些人侥幸地逃掉了。为了不再遭受<u>丝飞人</u>的伤害，我和我的伙伴决定逃向那人烟稀少的地球，这样就可以免受<u>丝飞人</u>的屠杀了。

我说："<u>丝飞人</u>真坏！想吸走我们身上的血，没有那么容易。我们一定要赶快逃走。"

伙伴说："对！我们要马上逃走。"

于是，我们坐着火箭飞向地球，一路上，我们看见了木星、水星、土星……

经过3 035 567千公里的路程，我们到达了地球。一看到地球，我们只能用三个词语来形容：美丽、芬芳、壮观。

正当我欣赏美丽的风景时，我的肚子里发出了咕噜咕噜的声音，原来是肚子饿了。我从身上掏出了从火星上带来的馒头，它们经过了一路的飞行变得黑乎乎的，干瘪瘪的，难吃死了。但我实在太饿，正当我准备咽下去的时候，我闻到了羊肉串的香味。我飞快地跑到了卖羊肉串的地方。只见老板不慌不忙地在烧烤炉上转着羊肉串，还在上面撒胡椒粉，馋得我直流口水。

我问道："羊肉串多少钱一串啊？"

老板说："24块钱一串。"

正当我掏钱的时候，我发现我并没有钱。我唉地叹了口气，把烧烤炉上的火燃得更旺了。老板吃惊地张大了嘴巴。他想把火给灭掉，但怎么也灭不掉。老板一直盯着我看，我却不想看他。正当我准备走时，老板却拦住了我。

老板和蔼可亲地问："你可以在我这里做工吗？"

我若有所思地说："如果是一群人，可以吗？"

老板想都没想就说："可以啊。"

从此以后，我们就在地球上快乐地烤羊肉串了，再也不会受到丝飞人的追杀了。

叶开老师评：

　　王曦睿的火星人设定，很有创意。一种丝飞人，像猴子一样善于攀爬；一种灵精人，像猫一样聪明。然后，丝飞人要延长寿命，想夺取灵精人的血液，灵精人老大裘龙带领剩下的灵精人，搭乘飞船逃离火星，飞过木星、水星、土星等，来到了地球。而且，竟然是"芬芳"的地球，为什么呢？我想是因为羊肉串？你这个最后结尾很逗，裘龙老大最后带领火星人在"地球上快乐地烤羊肉串"，再也不会受到丝飞人的追杀了。我很喜欢。有一个小疑问，你说"灵帝纪元1420年，地球才出现人类。火星却早早地生活着两种不

同的人",那么,地球上为何有人烤羊肉串呢?这个是不是
有点问题?

叶开总结

这一课注重"逆向思维",从而打破"正向思维"写作的较为僵化模式。我们的学校,大多是"正向思维"模式,即大家是怎么样的,教材是怎么样的,我们就是怎么样的。随便要求你写点什么,都能"以小见大",发现"道理",表示自己一定会改正,提高。这样的套式,对小学生和初中生的写作,束缚很强,最终,会将学生们锻造成一模一样的作业机器人。这其实不是教育的初衷。真正的良善教育,尤其是真正的写作,是要顺应孩子们的禀赋,激发孩子们的潜能,提升他们的创造力,从而虹吸知识,丰沛自己,能更轻松应对二十一世纪所需要的复合型创造人才。我要求学生们"逆向思维",就是打破陈规,从不疑处有疑,从别人没有想到的地方入手。

比如这一要求写"地球旅行记",是以自己乃是"外星人"的外在身份,来到其实我们人人都自以为非常熟悉的地球旅行,发现之前从来没有发现的问题。从写作技法上来说,也叫作"陌生化"。转换了身份,你是一个火星人,来到地球,一定会发现各种的不同和不适,甚至不解。这种"不解"会给你造成困难,激发你去解决问题。而孩子们都超出我意料之外地创造出一流的作品。

　　五年级的沼泽同学，《骰子》这一篇杰作，创造性地运用了爱因斯坦的名言"上帝不掷骰子"，又别出心裁地加上"墨菲定律"，于是，一个来自火星的侦探，陷入地球坏蛋大佬的阴谋和陷阱中，在巴黎的下水道里，机智勇敢地挽救了整个太阳系！哈哈，真是"自古英雄出少年"啊。

　　五年级狼昨的《错过》，用了自己好友枫小蓝的名字给来自外星球的女主角命名。"小蓝"是一个高科技文明的学生，到太阳系的蓝色星球去实习。在飞船穿越了柯伊伯带后，进入了太空休眠舱，迫降地球，却发现自己穿越了，而且因为芯片损坏，她一时联系不上自己星球的人员，稍有不慎，很可能"陷落"在这个落后星球里，再也出不去了。好在，还有一个"落后"型号的机器人，竟然牺牲自己，救了"小蓝"。这是一个运用人工智能知识和太空知识写成的令人记忆深刻的杰作。

　　其他很多同学，如木木水丁同学的《行星飞船》、李羿辉的《兄弟》、颜梓华的《地球生存指南》，都是真正"脑洞大开"的作品。读这些作品，我知道中国的孩子，都有卓越的才能，只要给他们时间和机会，都会创造出令我们惊讶的优秀作品。